Tina Caspari

Das Sternenpferd

Die schönsten Pferdegeschichten

SCHNEIDER BUCH

Die Deutsche Bibliothek - CIP-Einheitsaufnahme

Caspari, Tina:
Das Sternenpferd : die schönsten Pferdegeschichten / Tina
Caspari. - München : F. Schneider, 1996
ISBN 3-505-10302-0

Hrsg. Helga Wegener-Olbricht

Dieses Buch wurde auf chlorfreies,
umweltfreundlich hergestelltes
Papier gedruckt.

Titelbild und Illustrationen: Ulrike Heyne
Umschlaggestaltung: ART-DESIGN Wolfrath, München
Herstellung: Gabi König
Satz: Typodata GmbH, München, 10˙ Times
Druck: Presse-Druck, Augsburg
Bindung: Conzella Urban Meister, München-Dornach
ISBN 3-505-10302-0

Inhalt

Das Sternenpferd

Als er den Jungen erkannte, kam der Schecke freudig auf ihn zu. Träumender Mond streckte wortlos die Hand aus, und der silbergraue Hengst senkte sein Maul in die warme Mulde seiner Handfläche. Der Atem des Pferdes strich über das Handgelenk des Jungen. Es kitzelte leicht. Träumender Mond lächelte. Wenn ich zu dir komme, geht es mir gut, ganz gleich, was vorher gewesen ist! dachte er. Und das graue Pferd antwortete mit einem Blick, der ihm sagte, daß es jedes Wort verstanden hatte: Ich weiß, kleiner Bruder. Hier draußen in der Wildnis, bei uns in der Herde, da bist du geborgen. Hab keine Angst.

Sie haben mich wieder verspottet! dachte der Junge zornig. Weil ich mich weigerte, auf das Kaninchen zu schießen. Aber es war nicht recht, es zu töten, da ich es nicht benötigte, um meinen Hunger zu stillen. Warum schießen sie um die Wette, nur um herauszufinden, wer seinen Pfeil am sichersten ins Ziel lenkt, wenn sie damit das Leben eines anderen Wesens auslöschen? Die Götter werden sie strafen.

Der Grauschecke schnaubte leise. Er blickte zur Herde hinüber, die an dem mit kargem Grün bewachsenen Hang unterhalb der Felswand weidete, bewacht von einem prächtigen Rappen, der seit Jahren ihr Leithengst war. Dann wandte er sich wieder dem Jungen zu. Wie Sterne lagen die dunklen Punkte auf seinem silbergrauen Fell, das im wechselnden Licht zwischen reinem Silberweiß und tiefem Schattengrau schimmerte. Sanft rieb er den Kopf an seiner Schulter. Auch bei uns gibt es Wettstreit, kleiner Bruder. Auch wir erproben, wer am schnellsten läuft, wer im Kampf der Stärkste und Tapferste ist. Freilich töten wir unsere Gegner nicht.

Ich werde nie stark sein, dachte Träumender Mond. Ich werde nie ein guter Kämpfer sein, nie so schnell laufen können wie die anderen. Nie mit dem Speer im reißenden Flußwasser einen Fisch erlegen. Ich will es auch gar nicht. Warum können sie mich nicht einfach in Ruhe lassen? Warum darf ich nicht sein, wie ich will?

Der Schecke berührte mit seinen Lippen zart das Ohr des Jungen. Und Träumender Mond verstand, was er ihm sagte: Auch du mußt den Gesetzen deines Volkes gehorchen, kleiner Bruder. Du mußt dich dem Leitenden unterwerfen und deinen Platz in der Rangordnung einnehmen. Jeder hat seine Aufgabe: zu führen, zu beschützen, Nahrung zu suchen, sich fortzupflanzen und sich um den Nachwuchs zu kümmern. Oder nur mit all seinen Kräften den anderen zu dienen. Auch du mußt tun, was dir bestimmt ist.

Träumender Mond sah bedrückt zu Boden. Ich weiß. Bald werde ich meinen vierzehnten Sommer erleben, und sie werden mich mit den anderen zur großen Prüfung in die Wildnis schicken. Gewiß werde ich sterben aus Angst vor den Geistern und Dämonen – eine Schande für meine Eltern und für mein Volk.

Der Schecke fuhr schnobernd über die Stirn des Jungen. Der große Geist wird dich beschützen! Er wird dir den Weg weisen und dich zu deinem Ziel führen. Wovor fürchtest du dich?

Träumender Mond starrte mit gerunzelter Stirn ins Leere. Eigentlich ist es mir gleichgültig, wenn ich sterbe, überlegte er düster. Doch ich fürchte mich vor dem Spott der anderen Jungen, vor ihrem Gelächter. Vor ihrem Flüstern und Kichern, wenn ich mich ungeschickt anstelle. Wenn mein Pfeil nach wenigen Metern in den Sand fällt, obwohl ich mit so großer Mühe den Bogen gespannt hatte. Oder wenn das Geschoß nicht zur Hälfte das Ziel erreicht! Es gibt nichts, worin ich es mit den anderen aufnehmen kann!

Und nichts, worin die anderen *dir* gleichen! Der Hengst trat einen Schritt zurück und sah den Jungen mit glänzenden Augen an. Du sprichst unsere Sprache. Du weißt stets, wo du uns suchen mußt, auch wenn wir uns noch so gut verbergen. Und deine Gedanken warnen uns, wenn dein Volk auszieht, um sich die Kräftigsten meiner Brüder zu fangen, damit sie ihnen im Kampf und bei der Jagd dienen.

Der Schecke hob plötzlich den Kopf, und seine Nüstern blähten sich aufgeregt, als er jetzt die Nase in den Wind drehte. Sie kommen! Wir müssen fort, kleiner Bruder.

Nicht weit entfernt stieß der Leithengst einen gedämpften Warnschrei aus, und die Herde lief zusammen. Gleich darauf verschwanden die Pferde in einer Wolke aus Sand und Staub, nur das hundertfache Hufgetrappel hallte noch eine Weile von den Felshängen zurück. Der junge Indianer sah den Pferden sehnsüchtig nach.

Träumender Mond reckte sich schläfrig und rieb seine Augen. Gegen den heller werdenden Himmel sah er den Großvater durch den schmalen Eingang der Lehmhütte treten und zum Feld hinübergehen. Wie jeden Tag würde er das uralte Ritual zur Begrüßung der Sonne zelebrieren, indem er eine Prise goldgelber Maiskörner durch die Finger rieseln ließ und dabei gleichzeitig mit einer weiten Geste symbolisch das erste Tageslicht umarmte. Der Großvater, ein hataali, ein heiliger Mann, wußte, wie man mit Opfern und Lobpreisungen das Wohlwollen der Götter errang. Ob er heute auch für ihn, seinen Enkel, um Schutz und Segen bat?

Plötzlich war die Angst wieder da. Wenn die Sonne am Himmel aufstieg, würde er sich mit den anderen Jungen seines Alters auf dem Dorfplatz versammeln müssen. Es würde Tänze, Gesänge und Beschwörungen geben, man würde sie schmecken, mit Räucherwerk von Heilkräutern reinigen und die bösen Geister vertreiben. Der Schamane würde sie mit schützenden Amuletten für ihre große Reise ausrüsten. Und dann würde man sie in die Wildnis führen, damit jeder dort draußen den Geistern der Ahnen begegne – und seinem Schutzgeist. Aber auch den Dämonen – und das war es, was ihm panische Angst einflößte.

Sie würden versuchen, ihn zu vernichten. Wenn er den Kampf bestanden hatte, würde er seinen geheimen Namen von den Geistern der Ahnen empfangen. Oder er unterlag, wurde für unwürdig befunden und mußte jämmerlich zugrunde gehen, als Beute eines Raubtiers, einer giftigen Schlange oder einer tückischen Krankheit, die die Götter als Strafe sandten.

Träumender Mond hatte nicht bemerkt, daß der Großvater zurückgekehrt war. Die aufgehende Sonne warf die ersten Strahlen durch die Tür, Lichtkringel tanzten auf dem Lehmboden. Aus den Nachbarhütten klang Schwatzen und Gelächter herüber. Das Leben im Dorf erwachte, und um ihn her breitete sich fieberhafte Geschäftigkeit aus. Man schmückte sich für das große Ereignis, legte Ketten, Ringe und Federn an, färbte Gesicht und Körper und bemalte sich mit geheimnisvollen Symbolen.

Träumender Mond fror. Auch er wurde geschmückt. Geistesabwesend ließ er alles mit sich geschehen. So einer will ein Mann sein! schimpfte die Mutter. Zittert wie ein neugeborenes Zicklein, das man zum Schlachten führt. Eine Schande. Dem Jungen war es gleichgültig. Auch spürte er, daß es die Mutter nicht böse meinte. Er verstand, daß sich ihre eigene Trauer, ihn zu verlieren, hinter dem Gepolter verbarg. Denn wenn er zurückkehrte, würde nichts mehr so sein wie früher. Wenn er zurückkehrte ...

Sie mußten ihn stoßen und schieben, der Vater, die Mutter, Tanten und Onkel, und die jüngeren Geschwister, die ihn auf den Dorfplatz begleiteten. Dort herrschte ohrenbetäubender Lärm. Flöten und Trommeln riefen die Bewohner zusammen, die heiligen Männer und Ältesten hatten sich bereits unter den über hundert Jahre alten Saguaros versammelt, die wie natürliche Totempfähle neben dem Hogan des Schamanen aufragten. Die Kakteen hatten die Höhe von sieben, acht ausgewachsenen Männern, wenn einer auf des anderen Schultern stünde. Junge Männer mit furchterregenden Tiermasken tanzten um sie herum.

Träumender Mond nahm alles wie durch einen dichten Schleier wahr: die wilden, keuchenden Schreie der Tänzer, das Klirren der Schellen an ihren Knie- und Armbändern, das Gezischel und Geraschel der mit Samen gefüllten Kürbisrasseln, das Wippen der Federn auf dem Kopfputz der Männer und Frauen, die sich nun tanzend in langen Reihen auf die in der Mitte des Platzes versammelten Jungen zu bewegten und wieder zurückwichen. Träumender Mond wurde fast übel von dem scharfen Rauch der Kräuter und all dem Lärmen und Tosen. Er fühlte sich, als sei er in einen Sandsturm geraten, und die Tänzer schienen Bäume zu sein, die sich von der Gewalt des Windes hin und her peitschen ließen.

Als sie sich nach Stunden auf den Weg machten, wußte der Junge nicht mehr, wie er die Zeremonie überstanden hatte. Er war dankbar für die Stille, dankbar, dem Tosen und Schreien endlich entkommen zu sein. Sein Kopf war leer von Gedanken, das Geräusch der Trommeln hallte in ihm nach und erfüllte ihn mit einem Gefühl dumpfer Müdigkeit. Alle schwiegen sie nun, selbst die Vorlautesten unter ihnen sahen bang ihrer Prüfungszeit entgegen, auch wenn sie immer noch so taten, als fürchteten sie sich vor nichts.

Einige der Ältesten begleiteten sie. Nach und nach bekam jeder seinen Platz auf einem einsamen Hügel oder Berggipfel angewiesen. Die letzte Strecke, den Aufstieg zu seinem Ort der Einweihung, mußte jeder von ihnen allein bewältigen.

Träumender Mond hatte den weitesten Weg. Längst waren alle anderen Jungen auf seitlichen Pfaden davongegangen, ihre Begleiter zum Dorf zurückgekehrt. Der Schamane selbst war es, der ihn begleitete. Träumender Mond liebte und verehrte den schweigsamen Mann, er hatte ihn immer gern aufgesucht und sich von ihm in Kräuterkunde und Gebetsritualen unterweisen lassen. Doch er wagte nicht, ihn nach dem Ziel ihres Weges zu fragen, da er fürchtete, daß der alte Mann es als unangemessene Neugier verstehen könne.

Die Sonne sank bereits dem Horizont entgegen, als der Schamane anhielt. Vor ihnen lag eine tiefe Schlucht, von Zedernbüschen, Kiefern und Dornendickicht bewachsen, durch deren Zweige man hier und da das Wasser eines schmalen Flußlaufes aufblitzen sah.

Der Schamane wies auf den Gipfel des Berges. Dort hinauf! Schweigend legte er dem Jungen die Hände auf die Schultern und sah ihm ernst in die Augen. Träumender Mond meinte, in dem Blick des Alten ein Wissen dessen zu lesen, was ihm hier oben widerfahren sollte, doch auch jetzt wagte er es nicht, eine Frage zu stellen. Der alte Mann murmelte einen Segen, rief die Götter um Beistand an, dann nickte er dem Jungen noch einmal zu und ging.

Träumender Mond hätte am liebsten geweint, doch sein Kummer und seine Angst schienen zu groß für Tränen.

Ein paar Herzschläge lang sah er dem alten Mann nach, dann wandte er sich dem kaum erkennbaren Pfad zu, der zum Gipfel hinaufzuführen schien. Wie von Dämonen gehetzt hastete er seinem Ziel entgegen und hielt nur an, wenn er keuchend und hustend nach Luft ringen mußte. Längst hatte er die Spur des Pfades verloren. Nur aufwärts, aufwärts! dachte er. Es war ein Wettlauf mit dem schwindenden Licht. Eine hoch vor ihm aufragende Felswand zwang ihn zu einem Umweg, er stolperte schneller vorwärts. Die letzten Meter schaffte er nur noch kriechend, dann sank er erschöpft auf dem kegelförmigen Gipfel nieder.

Noch war der Stein von der Tageshitze erwärmt. Doch Träumender Mond, schweißüberströmt von der Anstrengung des Aufstiegs, schauderte unter der leisesten Berührung des Abendwinds. Jetzt, endlich, konnte er weinen. Er krallte die Finger in den rissigen Stein, als wolle er den Berg umarmen, sich in ihn hineinschmiegen und eins mit ihm werden, unangreifbar für Geister, Tiere und Menschen. Zürne mir nicht, Geist des Berges! Gib mir Schutz. Erschöpft schlief er ein.

Mitten in der Nacht erwachte er von brennendem Durst. Er fror. Um ihn her herrschte tiefes Dunkel. Klagende Tierstimmen drangen zu ihm herauf, der Todesschrei eines Vogels erfüllte ihn mit Schrecken und Trauer. Sein Herz schlug hart und schnell. Noch nie hatte er sich so verlassen gefühlt. Vorsichtig tastend kroch er vorwärts, bis er eine aufrechtstehende Felsplatte fand, die ihm Windschutz gab. Die Knie angezogen, die Arme eng um sich geschlungen, so erwartete er den Morgen.

Die nächsten Tage bereiteten ihm Qualen, schlimmer, als er sie sich in seinen schrecklichsten Alpträumen ausgemalt hatte. Auch wenn der erste Sonnenaufgang ihm einen Anblick bescherte, dessen Schönheit ihn für Minuten alles vergessen ließ. Endlos weit blickte er über Gipfel und Täler. Aus dunklen Schluchten ragten geheimnisvolle Felsenburgen in den unendlichen Himmel. Der rote Sandstein bildete Türme und Treppen, breite Terrassen und Tore, einige sahen aus wie Tiere oder gebückte Riesengestalten. Mächtige Felskrallen reckten sich über Schutthalden und einzelne Bauminseln, versteckt lagen grünschimmernde Tümpel in der Tiefe der Schluchten.

Auf dem Berghang gegenüber erkannte er im Schutz einer steilen Felswand grasbewachsene Mulden, die von Kiefernwald geschützt waren. Darüber erhob sich ein Gipfel ähnlich dem, auf dem er sich befand, nur breiter, einer liegenden Tafel gleich. Ob es dahinter Grasland gab? Träumender Mond mußte an seine Pferde denken. Wo der Rappe und seine Herde sich wohl jetzt aufhielten? Warum mußte sein Freund, der Grauschecke, nur so weit entfernt von ihm sein!

Schlagartig wurde dem Jungen seine Situation bewußt, und die Angst legte sich über ihn wie ein bleierner Mantel. Vorsichtig sah er sich um. Vor allem mußte er Wasser finden! Und etwas, um seinen Hunger zu stillen. Träumender Mond begann, seine nächste Umgebung zu erforschen. Doch das Ergebnis verstärkte seine Ängste nur. Bei seinem Aufstieg hatte er nicht bemerkt, wie schroff die Felsen an allen Seiten abfielen. Nur eine schmale, von heftigen Regengüssen ausgewaschene Furt hatte ihm den Aufstieg ermöglicht. Und nirgends war eine Quelle zu entdecken. Was es an eßbaren Wurzeln und Blättern hier oben gab, hätte allenfalls ein Kaninchen satt gemacht.

Nachdenklich betrachtete der Junge Pfeile und Bogen. Die anderen waren sicher längst auf die Jagd gegangen, hatten ihre Mägen mit frischem Fleisch gefüllt und in den Felsen eine Quelle gefunden! Träumender Mond stöhnte verzweifelt auf. Zorn, Trauer und Angst schnürten ihm die Kehle zu. Am liebsten hätte er geschrien, doch konnte er sicher sein, daß sein Schrei nicht tausendfach von den Berghängen weitergegeben und die Botschaft von seiner Verzweiflung bis in die fernsten Dörfer getragen wurde? Starrten ihn nicht schon jetzt von allen Seiten die versteinerten Fratzen niedriger, rachedurstiger Geister hungrig an, nur darauf lauernd, ihn zu vernichten? Nein, er mußte dies aushalten. Er mußte sich im Schutz der Felsen verbergen und warten – auf den Tod, oder darauf, mit seinen letzten Kräften nach Ablauf der Prüfungszeit in sein Dorf zurückzukehren.

Drei Tage und drei Nächte wurde Träumender Mond von Fieberschauern, von quälendem Durst und Hunger geschüttelt. Am Tag suchte er in einer Höhle Schutz vor der sengenden Sonne, in der Nacht ein wenig Wärme auf den von der Tageshitze noch warmen Felsen. Seine Zunge klebte wie ein riesiger fremder Gegenstand am Gaumen, die Lippen waren rissig und aufgesprungen; vor seinen Augen flimmerte es, und wenn er aufstand, mußte er sich an den Felsen abstützen, so schwindlig war ihm.

In der dritten Nacht fegte ein schweres Gewitter über

die Berge. Träumender Mond wich in die Höhle zurück und preßte die Hände auf die Ohren, um das unerträglich laute Krachen und Lärmen ein wenig abzumildern. Kamen die Götter schon jetzt herab, um ihn zu strafen? Blitz auf Blitz fuhr vom Himmel und ließ die Felsfratzen im grellen Licht bedrohlich aufleuchten.

Und dann setzte der Regen ein, eine Flut, als wolle die Welt untergehen. Seit Jahren hatte es das nicht mehr gegeben. Träumender Mond fragte sich, ob dies alles noch Wirklichkeit sei, oder ob er sich nicht längst in einem bedrohlichen Zwischenreich befand, das von Dämonen und den unglücklichen Seelen Verdammter bewohnt wurde. Zitternd erwartete er seine Vernichtung.

Doch das Gewitter zog vorbei. Der Regen hörte auf, und nun dampfte der Berg von verdunstender Nässe. Über den Nebelschwaden, die sich langsam ins Tal hinuntersenkten, erschien ein sternklarer Himmel, so nah, daß der Junge glaubte, ihn greifen zu können.

Träumender Mond kroch aus der Höhle und fand eine Mulde, in der sich Regenwasser gesammelt hatte. Er beugte sich nieder, dankte, und trank gierig. Er schöpfte das Wasser, ließ es sich über Gesicht und Kopf laufen und trank von neuem.

Endlich richtete er sich tief atmend auf. Und da sah er ihn zum erstenmal. Einen Schimmel, weiß wie das Licht der Blitze, ein wunderschönes großes Tier, mit wallender, dichter Mähne und einem Schweif, der fast den Boden berührte. Ein Pferd, wie geradewegs dem Himmel entstiegen. Ein Sohn der Sterne.

Sternenpferd, dachte Träumender Mond andächtig.

Dich zu sehen ist wie ein Geschenk der Götter. Bist du ein Traum? Eine Geistererscheinung?

Regungslos saß der Junge und starrte zu dem Pferd hinüber, das auf dem Berggipfel jenseits des Tales stand und jetzt tief den Kopf senkte, als sei es sehr müde. Träumender Mond dachte, gleich würde es sich hinlegen, doch der Schimmel verharrte in einer Stellung tiefer Trauer und Erschöpfung.

Dem Jungen wurde seltsam zumute, es war, als wäre die Erscheinung dort drüben ein Abbild seiner eigenen Seele, verlassen, hilflos und einsam. Er starrte auf das trauernde Pferd, bis ihm vor Anstrengung Tränen in die Augen traten und das Bild verschwamm. Schließlich schlief er erschöpft ein.

Die Sonne hatte den Zenit überschritten, als er erwachte. Sogleich blickte er zum Gipfel des Berges hinüber, um zu sehen, ob der Schimmel noch dort war. Doch da, wo das Pferd in der letzten Nacht gestanden hatte, erhob sich nun nur ein kahler, von spärlichem Steppengras bewachsener Felsenrücken, der zu einer schroffen Wand abfiel.

Träumender Mond wandte sich enttäuscht um und suchte zwischen den Steinen eine weitere Stelle, an der sich Wasser gesammelt hatte. Er trank reichlich, nachdem er dem Berg und den Göttern für diese Gabe gedankt hatte, und war bald darauf wieder eingeschlafen.

In der Nacht erwachte er so plötzlich, als habe ihn jemand angestoßen. Erschrocken fuhr er hoch. Der Schimmel war wieder da! So wie gestern stand er, den Kopf gesenkt, unterhalb des Gipfels auf dem Felsen, silberweiß wie ein Stern.

Sternenpferd, mein Freund! sprach ihn der Junge in Gedanken an. Warum kommst du nicht zu mir? Wir könnten miteinander sprechen und uns trösten, wir könnten miteinander spielen und wären nicht mehr allein und traurig.

Hatte der Schimmel ihm den Kopf zugewandt? Träumender Mond war sich nicht sicher, zu groß war die Entfernung. Doch der Junge verspürte eine so brennende Sehnsucht nach der Nähe des Pferdes, daß er nicht aufhörte, in Gedanken mit ihm zu sprechen, bis der Schlaf ihn von neuem übermannte.

Der nächste Tag schien kein Ende nehmen zu wollen, ungeduldig erwartete Träumender Mond die Nacht. In schattigen Felsmulden fand er Reste von Regenwasser, der Hunger war verschwunden, er spürte kein Verlangen nach Nahrung mehr. All seine Sinne waren darauf gerichtet, das Sternenpferd wiederzusehen. Auf dem Rand des Felsens hockend, wartete er auf den Anbruch der Dunkelheit.

Und wirklich stand, kaum blinkten die ersten Sterne am Himmel, sein ferner Freund wieder auf dem Felsen gegenüber. Er ließ traurig den Kopf hängen und war so wunderschön anzusehen, daß dem Jungen die Kehle eng wurde. Warum kommst du nicht zu mir? dachte er sehnsüchtig. Wenn ich dich nur ein einziges Mal berühren könnte!

Warum machst du dich nicht auf den Weg? hörte er plötzlich in seinem Kopf eine Stimme, die wie aus großer Ferne kam. Hörst du nicht, daß ich dich seit langem rufe?

Träumender Mond sprang auf. Hatte er das wirklich gehört? Begann der Hunger seinen Geist zu verwirren?

Nein, da war die Stimme wieder. Und sie sagte ganz klar: Komm! Mach dich auf den Weg!

Nicht einen Atemzug lang zögerte der Junge. Seine Augen hatten sich in den letzten Nächten an die Dunkelheit gewöhnt. Alle Sinne angespannt, machte er sich auf die gefährliche Wanderung durch das Tal zum Gipfel des anderen Berges hinüber.

Die erste Strecke überwand er schnell. Wenn auch die schmale Furt, in Jahrhunderten von herabstürzendem Regen ausgewaschen, oft gefährlich nah am Abgrund entlangführte, kam er gut vorwärts, denn die zerklüfteten Felsen boten ihm Halt, und seine nackten Sohlen schienen sich beim Hinunterklettern an den Steinen festzuklammern. Das schwache Licht genügte, um die nächsten Schritte zu beleuchten, und er erreichte sicher die Baumgrenze.

Doch nun wurde es schwierig. Tiefes Dunkel umfing ihn. Zweige schlugen ihm peitschend gegen die Waden, während er mit den Armen das Dickicht aus Kiefern und Dornengestrüpp teilte. Wacholdergesträuch wickelte sich wie Fußfallen um seine Knöchel. Etwas ritzte seine Haut, aus einer langen Schramme floß Blut seinen linken Arm hinunter. Träumender Mond versuchte, wenigstens ein kleines Stück Himmel zu erkennen, um sich am Stand der Sterne orientieren zu können, aber es war vergeblich. Ging er wirklich den direkten Weg zur Schlucht hinunter, oder hatte er die falsche Richtung genommen?

Träumender Mond lauschte. Kaum zwei, drei Fuß breit von ihm entfernt zischte etwas im Dickicht. Eine Schlange? Er wich in die entgegengesetzte Richtung aus. Vor seinem Kopf flog mit empörtem Krächzen ein Rabe auf, das vielfache Echo in den Felswänden des Canyons ließ den Vogelschrei zu einem gewaltigen Chor anschwellen. Der Junge erschrak, sein Herz raste, doch er hastete weiter, seinem Ziel zu.

Je tiefer er in die Schlucht einstieg, desto lebendiger wurde es um ihn her. Plötzlich war die Nacht voller Stimmen. Das war ein Grunzen, Krächzen und Keifen, ein Schwirren und Flirren um ihn her, daß er erschöpft stehenblieb. Waren es wirklich Tierstimmen? Oder waren das nicht viel mehr die Stimmen böser Geister, die ihn in die Irre führen wollten? Sternenpferd, dachte er verzweifelt, Sternenpferd, wie soll ich meinen Weg zu dir finden, wenn ich nicht die kleinste Spur erkennen kann! Hilf mir, mein Bruder!

Angestrengt lauschte Träumender Mond ins Dunkel. Als wenn auf ein geheimes Zeichen hin alles um ihn her den Atem angehalten hätte, erstarb der Lärm. Nur für einen Augenblick, aber er reichte aus, um zu seiner Linken in der Tiefe Wasser über Steine springen zu hören. Dort unten war der Fluß! Er hatte die Richtung nicht verfehlt.

Er mußte vorsichtig sein: Geriet er zu weit nach links, bestand die Gefahr, daß er den steilen Felshang hinunterstürzte. Träumender Mond beschloß, die Morgendämmerung abzuwarten, bevor er seinen Weg fortsetzte. Nach wenigen Schritten ertastete er einen zwischen den Bäumen aufragenden Felsbrocken, dessen Oberfläche eine flache Mulde aufwies. Hier konnte er sich ausstrecken und ein wenig ruhen.

Er mußte fest geschlafen haben, denn als er zu sich

kam, trafen die ersten Sonnenstrahlen bereits den Gipfel des Berges über ihm und ließen das rote Gestein wie Gold aufleuchten. Der Junge sah sich um. Nur wenig Licht fiel in das verfilzte Dickicht von Nadelgehölzen und Sträuchern. Doch er konnte jetzt sicherer auftreten und die undurchdringlichsten Stellen meiden. Nur keine Zeit verlieren! Er hatte einen langen, schwierigen Weg vor sich und mußte sein Ziel erreicht haben, bevor die Dunkelheit hereinbrach.

Nur langsam kam er voran. Meter für Meter kämpfte er sich durch das Dickicht. Immer wieder ließ ihn ein Geräusch verharren und ängstlich um sich schauen. Doch wer immer seinen Weg belauerte, er gab sich nicht zu erkennen.

Es war hoher Mittag, als der Junge das Dickicht hinter sich ließ und in großen Sprüngen zum Fluß hinuntereilte. Er stillte den brennenden Durst, wusch Staub und Blut vom Körper und streckte sich für einen Augenblick auf den heißen Steinen aus. Die Sonne stand steil über der Schlucht und brannte unbarmherzig auf ihn herab. Ihm war schwindlig. Regungslos lag er auf dem Bauch und starrte in das träge dahinfließende Wasser. Hinter ihm näherte sich etwas über die Steine, ein Geräusch, als schliche sich jemand an, der unaufhaltsam Fuß vor Fuß setzte. Vorsichtig sah sich der Junge um. Eine Strumpfbandnatter schob sich aus einer Mulde, nur wenige Schritte von ihm entfernt, und strebte dem Wasser zu. Ihre Schuppenhaut rieb sich an dem rauhen Sandstein, in der Mittagsstille hallte das Geräusch durch die Schlucht, daß er meinte, man müsse es bis zu den Gipfeln hinauf hören.

Kleine Schwester, dachte Träumender Mond, kannst du mir sagen, wie ich zum Gipfel des Berges dort drüben gelange? In großen Windungen glitt die Schlange davon. Der direkte Weg ist nicht immer der beste, hörte er eine Stimme in seinem Kopf. Die Felswand ist zu steil, du würdest bis zum nächsten Sonnenaufgang brauchen, um sie zu erklimmen.

Er sprang auf die Füße. Seinem Gefühl folgend, lief er eine Weile flußaufwärts, bis er hinter einer Biegung eine schmale, ausgewaschene Felsentreppe entdeckte. Erleichtert rannte er bergauf und hielt erst an, als er vor Atemnot zu ersticken meinte. Er stand auf einer kleinen Ebene, von vernarbten alten Pinien umsäumt und mit spärlichem Gras bewachsen. Einen Steinwurf entfernt schnüffelten Wildschweine an saftigen Kakteen oder gruben, auf den Vorderbeinen kniend, nach Wurzeln.

Freunde, könnt ihr mir sagen, wie ich hinauf zu meinem Sternenpferd komme? Die Wildschweine trollten sich den Abhang hinunter davon. Träumender Mond ließ niedergeschlagen die Arme hängen. Vor ihm schien der Berg bis in den Himmel zu wachsen. Felswände schoben sich ihm abweisend entgegen. Es gab kein Durchkommen.

Ein Kolibri schwirrte heran, blieb in der Luft über ihm stehen und beäugte den Jungen neugierig. So schnell wie er gekommen war, schoß er wieder davon, dem nächsten Blütenkelch entgegen. Wenn er so fliegen könnte! Träumender Mond schüttelte die Müdigkeit aus den Gliedern und machte sich wieder auf den Weg. Es half alles nichts: er mußte es von der anderen Seite des Berges aus versuchen.

Stunde um Stunde stieg er über Felsen und Geröll, entdeckte einen Weg aufwärts, flankiert von roten Sandsteinkolossen, die ihn wie Wächter argwöhnisch zu beobachten schienen. Er kroch durch einen Wall ineinander verfilzter Ranken und Zweige und fand sich nach einer Biegung an einer Felswand wieder, von der Wasser in die Tiefe rauschte. Seitlich der Wand konnte er seinen Weg durch ein Wäldchen fortsetzen, das sich mit den Wurzeln an den steilen Berghang klammerte.

Als Träumender Mond oben angekommen war, sank die Sonne gerade unter den Horizont. Um ihn war ein ähnliches Dickicht aus Kiefern, dünnen Eichenstämmen und dichtem Unterholz wie jenes, durch das er sich am Morgen gekämpft hatte. Der Junge war nahe daran, den Mut zu verlieren. Wo war er? War dies überhaupt der Berg, den er suchte? Aus der Nähe sah alles ganz anders aus, und die Dämmerung verzerrte die Formen der Dinge so, daß er nicht mehr wußte, ob er seinen Augen trauen konnte. Diese Riesenkröte dort, war es ein Fels? Ein trockener Baumstamm? Oder ein Dämon, der auf ihn lauerte? In welche Richtung sollte er jetzt gehen?

Träumender Mond schaute zum Gipfel hinauf. Von seinem geheimnisvollen Schimmelhengst war nichts zu sehen. Nur ein einzelner Stern leuchtete über der zerklüfteten Linie des Grates auf, die sich gegen das dunkler werdende Blau abhob. War alles vergeblich gewesen? Hatten rachedurstige Geister ihn genarrt?

Plötzlich hörte er ein leises Wiehern. Er wußte nicht, war es in seinem Kopf gewesen, oder kam es da irgendwoher aus der Höhe? Suchend wandte er sich nach allen

Seiten – und fuhr erschocken zusammen. Da stand der Hengst, ganz nah, sein lichtweißes Fell blitzte durch die Bäume. Er blickte zu dem Jungen herüber, dann wandte er sich um und schien eilig davonzugehen, obwohl man weder Schritte hörte, noch eine Bewegung der Beine sah. Er schwebte ein kleines Stück über dem Boden, als würde er von einer unsichtbaren Kraft gezogen.

Träumender Mond dachte nicht weiter nach. Alles, was ihn jetzt bewegte, war, seinem schönen Gefährten zu folgen. Er achtete nicht auf die Zweige, die ihm ins Gesicht peitschten, nicht auf die Dornen, die seine Beine ritzten, nicht auf das empörte Gezeter der Vögel, die er aus dem Schlaf aufscheuchte. Der Atem wurde ihm knapp, denn sein Weg führte ihn ständig bergauf, doch er verlangsamte seine Schritte nicht.

Endlich erreichten sie eine kleine Ebene, sie schien wie ein Talkessel inmitten von Berghängen zu liegen. Träumender Mond erkannte zu seiner Rechten eine steile Felswand, unter der sich ein Hügel aus Schutt und Geröll befand. Unter seinen Füßen spürte er saftiges Gras, und auch Bäume mußte es hier geben, denn er hörte Wind in den Zweigen rauschen.

Er war einen Augenblick stehengeblieben, um ein wenig Atem zu schöpfen und sich zu orientieren. Als er jetzt nach seinem Sternenpferd Ausschau hielt, war es verschwunden. So sehr er sich auch anstrengte, irgendwo ein Aufblitzen des leuchtendweißen Fells zu entdecken, es war vergeblich.

Sternenpferd! dachte er verzweifelt. Sternenpferd, laß mich nicht allein!

Alles blieb still. Oder nein – doch nicht. Dort vom Berg her hatte er ein schwaches, qualvolles Stöhnen gehört, das Stöhnen eines Pferdes.

„Wo bist du?“ rief der Junge laut. Seine Worte hallten vielfach von den Felsen zurück. „Wo bist du?“ flüsterte Träumender Mond. „Sag mir, wo ich dich finde!“

Das Stöhnen kam aus der Richtung des Felsens, irgendwo aus dem Geröll. Der Junge näherte sich behutsam der Stelle. Die letzten Meter kroch er und tastete mit den Händen den Boden ab, um das leidende Tier dort nicht unbedacht zu verletzen. Jetzt ging das Stöhnen in ein schwaches Wiehern über, es schien eine Spur von Freude und Hoffnung auszudrücken. Hab Geduld, ich komme, mein Bruder, dachte Träumender Mond, gleich werde ich bei dir sein.

Zuerst spürte er unter den Fingern die Fieberhitze, die von dem gequälten Körper ausging. Dann fühlte er blutverklebte Mähnenhaare. Vorsichtig tasteten sich seine Hände weiter. Dort waren die Ohren des Pferdes, das weiche Maul, der Hals. Doch als er weiter zur Kruppe hinunterfuhr, waren da nur noch Sand und Gesteinsbrocken. Das Tier war verschüttet!

Träumender Mond überlegte nicht lange. Mit wilder Verzweiflung begann er, die Last aus Geröll und schlammiger Erde vom Körper des Pferdes wegzuschaufeln. Mit dem ganzen Leib schob, stemmte und drückte der Junge Steine und Lehmklumpen zur Seite. Gleich, mein Bruder, gleich bist zu befreit! Wie konnte das nur geschehen?

Vor seinem geistigen Auge sah er das Gewitter, sah einen Blitz in den Berg einschlagen und eine Schlammlawine mit den Regenfluten zu Tal stürzen. Das Pferd mußte mit seiner Herde hier unterhalb des Felsens Schutz gesucht haben und von dem Erdrutsch überrascht worden sein.

Entsetzt dachte Träumender Mond an die Verletzungen des Tieres. Wenn es nun nicht mehr auf die Beine kam? Wenn seine Knochen gebrochen waren und es zu langsamem Sterben verurteilt war?

In diesem Augenblick sah der Junge das Sternenpferd wieder. Es stand über ihnen auf dem Felsen, silberweiß und voller Kraft, den Kopf freudig erhoben, und nicht eine Spur von Trauer und Erschöpfung war ihm mehr anzusehen. Da wußte Träumender Mond, daß seine Furcht unbegründet war. Das Sternenpferd wieherte lautlos. Es betrachtete ihn mit so liebevoller Wärme, daß dem Jungen heiß wurde vor Freude.

Auf einmal begriff er alles. Er verstand, warum der Schimmel ihn gerufen und wie er ihm durch seine Trauer gezeigt hatte, daß er seine Hilfe brauchte. Vor Freude weinend beugte der Junge sich über den Kopf des verletzten Pferdes und streichelte es sanft. Du wirst wieder gesund werden, mein Bruder, das verspreche ich dir! Als er nach einer Weile aufschaute, war das Sternenpferd verschwunden.

Hab Dank, Sternenpferd! Ich danke dir, großer Freund, daß du mich hierher geführt hast! Hastig grub er weiter. Ich will mich mit aller Kraft bemühen, deiner würdig zu sein.

Langsam wurde der Hügel aus Geröll, Steinen und Sand kleiner. Schon regte sich das verletzte Tier, die Beine zuckten und traten, es bäumte sich auf. Dann war es frei, doch ihm fehlte die Kraft, sich auf die Beine zu stellen. Träumender Mond massierte es kräftig, das Blut begann stärker durch die erstarrten Glieder zu strömen.

„Erinnerst du dich an den Augenblick, als du ein neugeborenes Fohlen warst und zum erstenmal versuchtest aufzustehen? Genauso ist es jetzt. Deine Beine sind noch schwach, doch du schaffst es! Stell dich breitbeinig hin. Ich versuche, dich zu stützen. So ist es gut!" Leise sprach er zu dem Pferd.

Und wirklich gelang es dem Tier, die Vorderbeine aufzustützen. Es verharrte einen Augenblick, dann schob es mit schmerzhaftem Aufstöhnen die Hinterbeine ein wenig gespreizt unter den Leib und stemmte sich hoch. Schwankend, mit hängendem Kopf und zitternden Beinen stand es schwer atmend da.

„Du hast es geschafft! Nein, fall nicht wieder hin, gleich geht es dir besser. Lehn dich an mich! Jetzt kann dir nichts mehr geschehen. Ich werde dich so lange massieren, bis deine Muskeln die Starre verlieren. Dann werde ich Wasser für dich suchen, hier ganz in der Nähe muß welches sein. Und wenn es hell wird, werde ich deine Wunden versorgen und sehen, ob ich etwas gegen dein Fieber finde."

Vorsichtig massierte Träumender Mond den zerschundenen, von Wunden bedeckten Körper. Sein Freund ließ erschöpft alles mit sich geschehen. Als der Junge den Eindruck gewann, das Pferd stünde nun fest auf seinen Beinen, machte er sich auf die Suche nach einer Quelle.

Am Rande der Talmulde hatte er beim Heraufkommen ein Geräusch gehört, als schütte jemand Wasser in ein großes Gefäß. Ein paar Atemzüge lang war Stille, dann wieder dieses Ausgießen. Er lief ein Stück des Weges zurück und lauschte. Ja, von dort kam es! Vorsichtig mit den Füßen nach einem Halt suchend, folgte er dem seltsamen Ton. Da! Plötzlich war es ganz nah. Wieder Stille. Träumender Mond lauschte angespannt. Hinter diesem Felsen mußte es sein! Er tastete sich um den vom Regen glattpolierten Stein herum und fühlte ein Rinnsal zu seinen Füßen, das aus einer zwischen den Felsen herausströmenden winzigen Quelle gespeist zu werden schien. Doch wo war sie?

Oberhalb des Rinnsals schob sich eine kleine Felsnase heraus. Sie war mit einem großen Büschel von langhaarigem Moos bewachsen, und aus der Höhle fiel in schweren Tropfen Wasser herunter. Wann immer das Moos so vollgesogen war, daß es die Nässe nicht mehr aufnehmen konnte, gab es in einem Schwall seinen Vorrat nach unten ab.

Danke, ihr guten Geister! durchfuhr es den Jungen. Welch ein Geschenk! Behutsam löste er das von Nässe triefende Bündel vom Stein und eilte damit zu seinem verletzten Bruder.

Wie mit einem erleichterten Aufseufzen senkte das Pferd sein Maul in die kühle Nässe und saugte sie langsam und bedächtig auf. Fünfmal noch lief Träumender Mond zur Quelle und ließ den künstlichen Schwamm sich vollsaugen. Als er zum dritten Mal wartend an der Felsnase stand, dämmerte der Morgen.

Der Weg war gefährlich, und er mußte sehr genau auf seine Schritte achten, so daß er den Blick auf seine Füße gerichtet hielt, bis er seinen Schützling erreicht hatte. Als er nun aufblickte, stand das Pferd vom ersten Morgenlicht beleuchtet da. Träumender Mond starrte fassungslos auf das Wunder, das sich ihm da enthüllte. Vor ihm stand sein Freund, der Silberschecke! Während das Pferd noch einmal, und jetzt gieriger, die erfrischende Nässe aufsog, auch langsam von dem saftigen Moos knabberte, lehnte der Junge überglücklich seine Stirn an die Stirn seines Freundes.

Ein Gefühl tiefer Dankbarkeit durchflutete ihn. „Weißt du noch, wie du mir damals gesagt hast, der Große Geist würde mich beschützen und leiten, und mich zu meinem Ziel führen? Du warst mein Ziel! Wir wollen uns nie wieder trennen. Ich werde dich gesund pflegen, und wir werden hier in den Bergen leben und niemals zu den Menschenbrüdern zurückkehren!"

Und so geschah es. Träumender Mond pflegte den silbergrauen Hengst aufopfernd. Er versorgte ihn mit Wasser und suchte für ihn das nahrhafteste Gras. Er sammelte Blätter und Wurzeln, von denen er wußte, daß sie seinen Freund stärken würden. Er machte einen Brei aus heilenden Stechapfelblättern und strich ihn auf die Wunden des Pferdes. Und nie vergaß er dabei, sich vor den Pflanzen zu verneigen und ihnen für ihr Opfer zu danken, bevor er ihre Blätter oder Zweige brach: Vergib mir, daß ich dich nehme! Ich tue das nicht aus Übermut. Du sollst unseren Bruder heilen und kräftigen, damit er bald ganz genesen ist.

Nicht lange, und der gescheckte Hengst konnte aus eigener Kraft Nahrung suchen. Jetzt wanderten die Freunde bergauf und bergab durch die Canyons, durchquerten die Wüste und wanderten zwischen den Riesensäulen der

Kakteen umher, die aussahen, als stünden sie bereits Millionen von Jahren an ihrem Platz, so unbeweglich und still, daß man seine Schritte, seinen Atem, ja das Klopfen des eigenen Herzens als ungebührlichen Lärm empfand. Sie ruhten in versteckten Talkesseln an Bachläufen und Tümpeln und lauschten dem Wind, der in den Kronen der Eichen sein Lied sang.

Träumender Mond fühlte sich stark wie nie zuvor in seinem Leben. Er brauchte nur wenig zu essen, es war, als ob die Energie der Pflanzen, mit denen er Zwiesprache hielt, nicht nur seinen Geist, sondern auch seinen Körper nährte. Ein Friede und eine Sanftheit gingen von dem Land um ihn herum aus, als hätten die Geister der Erde, des Wassers, des Windes, der Pflanzen und der Tiere ihn als Bruder willkommen geheißen und ihn in ihre Gemeinschaft aufgenommen. Täglich lernte er besser, ihre Sprache zu verstehen. Täglich drang er tiefer in die Geheimnisse der Natur ein. Und sein Schicksal schien sich hier erfüllen zu wollen. So lebten sie lange zufrieden miteinander.

Eines Tages entdeckten sie eine leerstehende alte Indianerhütte, wohl das Heim eines Schamanen, der sich vor langer Zeit in die Einsamkeit zurückgezogen hatte und schließlich in die Welt der Geister heimgekehrt war. Träumender Mond beschloß, hier für eine Weile zu bleiben.

In der Nacht hatte er einen seltsamen Traum. Er sah sich auf dem Rücken des gescheckten Hengstes in sein Dorf zurückkehren. Alle Ältesten des Dorfes waren versammelt, und hinter ihnen standen im Halbrund die Männer, Frauen und Kinder. Der Schamane trat auf sie zu. Wie heißt dein Bruder? fragte er und wies auf den silbergrauen Hengst.

Sein Name ist Der-durch-Feuer-und-Wasser-ging – antwortete Träumender Mond.

Und wie ist dein Name?

Träumender Mond wollte Antwort geben, doch er konnte sich nicht mehr an seinen Namen erinnern, so sehr er sich auch bemühte.

Da stand hinter dem Schamanen plötzlich eine mächtige Erscheinung, ein Geist, zum Fürchten groß und gewaltig, seine Haare waren schlohweiß, und er war prächtig geschmückt. Doch das Gesicht dieses Geistwesens war uralt und faltig, es erinnerte an das des Großvaters, und es lächelte, so daß Träumender Mond am liebsten vom Pferd gesprungen wäre, um sich vor dem würdigen Alten ehrfürchtig zu verbeugen. Sein Name ist, sprach der Geist – und auf einmal waren da auch die Geister der Ahnen versammelt und sahen ernst auf den Jungen herab –, Der-mit-den-Göttern-spricht.

Träumender Mond fuhr aus dem Schlaf hoch. Er konnte sich nicht erinnern, was er geträumt hatte, nur den Namen ... den Namen hörte er so deutlich, als hätte ihn jemand laut gerufen und das Echo käme rundum von den Felsen zurück. Zugleich empfand er den drängenden Wunsch, sein Dorf aufzusuchen.

Seltsam, dem silbergrauen Hengst schien es ähnlich zu gehen. Unruhig scharrte er im Sand, als wolle er ihn zu einer längeren Wanderung auffordern.

„Hast du gehört, Der-durch-Feuer-und-Wasser-ging, mein Freund? Dieser Name? Ich werde dich Feuerherz

SCHNEIDER BUCH

Die Karte kannst Du heraustrennen, ohne daß das Buch beschädigt wird.

Liebe Leserin, lieber Leser dieses SchneiderBuchs,

Deine Meinung ist uns wichtig, deshalb machen wir diese Umfrage und hoffen, daß wir möglichst viele ausgefüllte Karten zurückbekommen. Und wir würden uns auch freuen, wenn Du uns Deine Telefonnummer angibst, damit wir Dich mal wieder etwas fragen können.

Damit sich das Mitmachen auch für Dich lohnt, verlosen wir unter allen Einsendern, die bis 30.6.97 ihre ausgefüllte Karte an uns schicken, 33 SchneiderBuch-Pakete im Wert von je DM 50,-. Der Rechtsweg ist ausgeschlossen.

Vielen Dank für Deine Mithilfe. ***Dein Franz Schneider Verlag***

Das Buch heißt:

____

und hat die Artikel-Nr. (ISBN – steht auf der Rückseite des Buches)
3-505-_ _ _ _ _-_

Wie hat Dir das Buch gefallen?

☐ *ganz toll* ☐ *gut*
☐ *mittelmäßig* ☐ *nicht besonders*
☐ *gar nicht*

Wie bist Du auf dieses Buch aufmerksam geworden?

☐ *durch Freunde*
☐ *durch meine Eltern*
☐ *durch Anzeigen*
☐ *in der Bibliothek*
☐ *durch einen Prospekt*
☐ *in einem Geschäft*
☐ ______________________
____

Ich habe das Buch …

☐ *… selbst gekauft, und zwar*
 ☐ *in der Buchhandlung*
 ☐ *im Kaufhaus*
 ☐ *im Supermarkt*
 ☐ *im Spielwarengeschäft*
 ☐ *im Schreibwarengeschäft*
 ☐ ______________________
☐ *… mir gewünscht und geschenkt bekommen*
☐ *… einfach so bekommen*

☐ *Ja, Ihr könnt mich wieder mal was fragen.*
☐ *Nein, meine Adresse soll nicht aufgehoben werden.*

Absender:

____
Vorname/Name

____
Straße

____
PLZ/Ort

______________ / ______________
Tel.-Nr. (mit Vorwahl)

Geburtsdatum ______________ */Alter* __________

SCHNEIDER BUCH

Bitte ausreichend frankieren.

Franz Schneider Verlag
Stichwort „Meine Meinung
Herbst 1996"
Postfach 46 07 25

80809 München

rufen, das ist einfacher!“ sagte der Junge lachend. „Sieht aus, als hätten wir heute noch einen langen Weg vor uns. Hat der Große Geist auch zu dir gesprochen?“ Er streichelte den Hengst zärtlich, doch Feuerherz drängte zum Aufbruch. Träumender Mond schwang sich geschmeidig auf den Rücken seines Freundes. Der trabte mit ihm davon. Doch lange hallte das Geräusch der Hufe im Canyon nach; es klang wie ein Abschied.

Stunde um Stunde verging. In der Mittagshitze machten sie Rast an einem Tümpel, der versteckt unter dichtstehenden Kiefern lag. Doch nicht lange, dann brachen sie wieder auf. Als sie das Dorf erreichten, senkte sich die Sonne dem Horizont zu. Der Hengst verlangsamte seine Schritte und hob lauschend den Kopf.

Aus dem Dorf hörte man den Klang von Trommeln und Schellen. Eine Gruppe von Männern löste sich aus dem Schatten der Hütten und kam auf sie zu. Es waren die Ältesten des Dorfes, in ihrer Mitte der Schamane. Träumender Mond hielt den Hengst an und sah ihnen schweigend entgegen.

Jetzt trat der Schamane auf ihn zu. Er war alt geworden. Bin ich so lange fort gewesen? dachte der Junge. Hinter den Ältesten erschienen jetzt auch die Dorfbewohner. Träumender Mond erkannte seine ehemaligen Freunde und Brüder. Männer waren sie geworden, führten Frauen und Kinder mit sich.

Träumender Mond sprang vom Rücken seines Pferdes; er ließ sich auf die Knie nieder und verbeugte sich tief vor den Würdenträgern des Dorfes.

Doch der Schamane hob ihn auf. „Sei uns gegrüßt, Der-

2 10302-6

mit-den-Göttern-spricht! Wir haben dich lange erwartet. Du siehst, ich bin alt geworden. Es ist bald Zeit für mich, zu gehen. Nur wenig Zeit bleibt mir noch, dich in dein Amt einzuführen und dich zu lehren, was du nicht ohnehin schon weißt. Bald wirst du die Zeichen deiner Würde als neuer Schamane des Dorfes von mir empfangen. Bis dahin lade ich dich und Der-durch-Feuer-und-Wasser-ging ein, bei mir zu wohnen."

Träumender Mond hätte den alten Mann gern gefragt, woher er seinen neuen Namen kannte – und den Namen seines Pferdes. Und woher er und die anderen wußten, daß er heute heimkehren würde. Doch in die Zukunft schauen zu können, gehörte wohl zu den Fähigkeiten eines Schamanen. Wie wenig wußte er bisher, wie viel würde er noch lernen müssen. Dies war erst der Anfang.

Der-mit-den-Göttern-spricht folgte seinem weisen alten Freund. Hinter ihm, den Kopf auf seine Schulter gelegt, ging Feuerherz, der Silberschecke, einem neuen Leben entgegen. In gebührendem Abstand folgten die Einwohner des Dorfes, auf ihren Flöten spielend, singend, tanzend und trommelnd.

Der-mit-den-Göttern-spricht dankte ihnen lächelnd für den Empfang. Dann legte er die Lippen an das Ohr seines Pferdes. „Große Aufgaben warten hier auf mich, Feuerherz. Doch für zwei oder drei Mondphasen werden wir jedes Jahr in die Einsamkeit und Stille der Wildnis zurückkehren. Das verspreche ich dir, mein Freund."

Und der Silberhengst sah den Jungen mit schimmernden Augen an.

Lene und Lore

„Nu komm doch, Leneken! Die andern sind längst weg!"
„Gleich, Mutter Kowalski. Geh du man schon vor!" Das Mädchen zog frierend den dünnen Mantel über dem Körper zusammen. Der abgetragene Stoff bot keinen Schutz mehr gegen den Schneeregen und den Wind, der über die Gräber fuhr. Der Friedhof wirkte trostlos und verlassen. Aber es war eine andere Kälte, die sie frieren ließ.

Jetzt war sie ganz allein. Mit dem Vater war nun auch der letzte aus der Familie gegangen. Lene hatte die Mutter bei der Geburt des jüngeren Bruders verloren. Und der Säugling war der Mutter nach wenigen Wochen gefolgt, zu schwach, um in einer Welt zu überleben, in der ihn nur Hunger, Not und Armut erwarteten. Damals war Lene neun Jahre alt gewesen. Dann hatte der Krieg begonnen. Die älteren Brüder zogen ins Feld, lachend, singend, mit Blumensträußen am Helm. Keiner von ihnen war zurückgekehrt.

Lene hatte dem Vater so gut sie es vermochte den Haushalt geführt. Spät abends, wenn Teller und Topf abgewaschen, die Wäsche gebügelt und die Socken gestopft waren, hatte sie sich hingesetzt, um für die Schule zu lernen. Doch meistens waren ihr über den Büchern die Augen zugefallen. Dann war der Vater gekommen, hatte das kleine Mädchen behutsam auf die Arme genommen, auf das alte Sofa gelegt, das ihr Bett war, und hatte sie zugedeckt.

Auch das war nun vorbei. Vor ein paar Tagen war der Vater am Morgen nicht mehr aufgestanden. Auch auf ihr angstvolles Rufen hatte er nicht geantwortet. Und als sie in die Kammer ging, um ihn zu wecken, hatte er dagelegen, als wenn er etwas Wunderschönes träumte, die Augen halb geöffnet, ein Lächeln auf den Lippen, wie Lene es seit Jahren nicht mehr an dem verschlossenen Mann gesehen hatte. Sein Gesicht war weiß gewesen, und die sonst von der Arbeit stets roten, rauhen Hände von einem fahlen Gelb, ganz durchsichtig. An seinen Händen hatte Lene gesehen, daß er tot war.

Das war nun bald eine Woche her. Es war nicht leicht gewesen, diesen Platz für ein Grab auf dem Friedhof zu bekommen. Es starben so viele jetzt. Sie verhungerten einfach. Die Beerdigung hatte Lene ihre letzten Ersparnisse gekostet. Verkauf das Pferd an den Abdecker! hatten ihr die Hausbewohner geraten. Viel ist es sowieso nicht mehr wert, aber für einen Sarg und ein anständiges Begräbnis wird's gerade reichen.

Doch da hatte Lene heftig widersprochen. Lore – nein, Lore würde sie nicht hergeben! Niemals. Der Vater hätte es nicht gewollt, verteidigte sie sich trotzig.

„Nun komm doch, Kind!“ Mutter Kowalski hatte sich nicht vom Fleck gerührt, jetzt führte sie das widerstrebende Mädchen fort. „Der hat da unten seine Ruhe. Kann endlich in Frieden schlafen und braucht uns nicht mehr. Na los, bist ja schon zu ’nem Eiszapfen gefroren!“

Lene ließ es sich gefallen, daß die Nachbarin ihr den Arm um die Schulter legte und sie leicht an sich zog. Wieviel Wärme von der rundlichen Frau ausströmte! Nein, ganz verloren war sie nicht, dachte Lene, solange es Mutter Kowalski gab und Vater Kowalski, mit seinen Liedern und Geschichten aus der Vergangenheit, von denen die meisten selbst erfunden waren. Zwei Söhne und eine Tochter hatten sie, und einen Haufen Enkelkinder. Heinrich, der Älteste, hatte vier. Dessen Frau war auch tot, vor einem Jahr an Tuberkulose gestorben. Seither sprach er kaum noch ein Wort. Wie der Vater damals.

„Man schade, daß du noch so jung bist, Leneken. Vierzehn Jahre, da taugt man noch nicht für die Ehe“, sagte Mutter Kowalski, als hätte sie Lenes Gedanken erraten. „Tätest eine gute Frau für meinen Heinrich abgeben, und eine Mutter für die junge Brut obendrein! Na ja, was nicht ist, kann ja noch werden. Was wirst du jetzt machen?“

„Ich weiß nicht“, gestand Lene zaghaft ein. „Mein Kopf ist so leer. Ich muß nur immer wieder an Vater denken. Wie er da lag ... und so glücklich. So voll Freude. Seltsam. Als hätte er geradewegs in den Himmel gesehen.“

„Ja“, sagte Mutter Kowalski und nickte. „Wer von uns

kann schon wissen, wie das ist, wenn der Herrgott seine Engel schickt, um uns bei der Hand zu nehmen. Vielleicht war's deine Mutter, die ihn da drüben erwartet hat? Er hat sie sehr geliebt, das weißt du."

Lene nickte heftig und schluckte. Sie kämpfte mit dem dicken Kloß in ihrer Kehle, der nicht weichen wollte und ihr das Sprechen unmöglich machte. Ja, damals! Damals war der Vater immer fröhlich gewesen, als die Mutter noch bei ihnen war.

Sie nahmen die Elektrische. Mutter Kowalski bestand darauf und sie zahlte auch das Billett. An so einem Tag durfte man nicht auf den Pfennig sehen. Es machte nichts, wenn das Stück Fleisch in der Suppe ein bißchen kleiner ausfiel.

„Werd mir nur nicht krank vor Kummer", sagte die alte Frau besorgt. „Bist bleich wie ein Laken. Komm setz dich, da ist ein Platz. Und so eiskalte Hände hast du!"

Lene ließ alles mit sich geschehen. Sie nahm kaum wahr, wie Mutter Kowalski sie auf die hölzerne Bank schob, wie sie ihre erstarrten Hände ergriff und kräftig rieb, um sie zu wärmen. Sie hörte nicht das Quietschen der Räder, wenn der Wagen sich rüttelnd und in allen Fugen ächzend in die Kurve legte, und nicht das Klingeln, wenn die Fußgänger nicht schnell genug zur Seite wichen. Auch die versteckten Blicke der Mitfahrenden spürte sie nicht, die mitleidig das blasse Mädchen in dem abgetragenen, viel zu kleinen Mantel streiften.

In Wedding stiegen sie aus, und der Schneeregen peitschte ihnen von neuem ins Gesicht. Sie bogen in die düstere Straße ein, in der sie wohnten. Zwischen den kahlen, hohen Mauern der Mietshäuser ließ der Wind nach, dafür stand der Schneematsch hier knöchelhoch. Mutter Kowalski und Lene waren bis auf die Haut durchnäßt, als sie ihren Häuserblock erreichten. Im Hinterhof, vierter Stock, wohnten die Kowalskis. Und Lene im Hof unten.

„Kommst erst mal mit zu uns", sagte die alte Frau energisch und schritt schneller aus. „Ein heißer Tee wird uns jetzt guttun. Die Küche ist warm und 'nen Teller Graupensuppe gibt's auch."

„Danke, gern!" sagte Lene leise. „Aber zuerst muß ich nach Lore sehen."

„Das Pferd, ach ja." Mutter Kowalski ließ einen leichten Seufzer hören. Mehr als alle Worte es vermocht hätten, drückte er aus, was sie dachte: Wäre der Gaul doch nur erst verkauft, dann hätten wir alle eine Sorge weniger.

Sie durchschritten die dunkle Toreinfahrt zum Hof, der von drei Seiten durch die hoch aufragenden Hauswände begrenzt war. An der vierten Wand bildeten – vor der Brandmauer des dahinterliegenden Hauses – eine Reihe primitiver Holzschuppen den Abschluß. Haufen von Altmetall lagen davor, unter einer Art Schutzdach waren Säcke mit Lumpen und Papier gestapelt.

Der Verschlag daneben, sorgfältig mit alten Säcken und Dachpappe abgedichtet, diente als Pferdestall. An ihn schloß sich ein größerer Schuppen an, in dem sich die Wohnung Lenes befand: eine Küche und zwei kleine Stuben, die nun verwaist waren. Niemand wartete da mehr auf sie, mit einem bullernden Feuer in dem kleinen Eisenofen und einem Topf mit Kornkaffee darauf. Feuchte

Kälte schlug Lene entgegen. Unter dem Küchenschrank hervor floh eine Ratte ins Freie.

Lene suchte mit klammen Fingern ein paar Holzspäne zusammen; sie stopfte Papier in den Ofen, schichtete Späne darauf, und darüber ein wenig Abfallholz, das man zu nichts anderem mehr gebrauchen konnte als zum Verheizen. Die Zündhölzer waren feucht geworden, und sie hatte Mühe, das Feuer in Gang zu bringen.

Als die Flammen aufloderten, fühlte Lene sich ein wenig besser. Sie stellte die Emaillekanne mit dem kalt gewordenen Kornkaffee auf die Ofenplatte, zog den durchnäßten Mantel aus und hing ihn neben dem Ofen über den Stuhl. Die Hände fest gegen das Eisen gepreßt, das sich langsam zu erwärmen begann, verharrte sie ein paar Minuten lang. Ihre Gedanken drehten sich immer wieder dumpf im Kreis. Vater! dachte sie. Vater, warum mußtest du mich jetzt schon verlassen! Es tut so weh, daß ich nicht einmal richtig weinen kann. Was soll aus mir werden?

Wie eine Antwort kam ein schwaches Wiehern aus dem Verschlag nebenan.

„Ich komm ja schon, Loreken, muß mir nur was Trockenes anziehen!" rief Lene beruhigend und zerrte sich eilig die nassen Schuhe und Strümpfe von den Füßen. Aus dem Spind, in dem der Vater seine Sachen aufbewahrt hatte, nahm sie ein paar dicke Socken, die vom vielen Waschen so eingelaufen waren, daß sie ihr jetzt gut paßten. Wenigstens eine Sorge würde sie in Zukunft nicht haben: Sie konnte Hemden, Jacken und Strümpfe des Verstorbenen auftragen. In seine abgetragene Joppe paßte sie zwar zweimal hinein, aber das wärmte um so besser.

Lene suchte an Futter für Lore zusammen, was sie bei den Nachbarn hatte erbetteln können. Hafer und Heu waren teuer, und so ergänzte sie den Speisezettel der Stute durch altes Brot, halbverfaulte Rüben und Äpfel, aus denen sie die schlechten Stellen herausschnitt.

Als sie den Stall betrat, drehte sich die braune Stute zu dem Mädchen um und begrüßte sie mit einem erwartungsvollen Brummen. Sie war einmal eine Schönheit gewesen, ein Rennpferd, das in einem herrschaftlichen Stall gestanden hatte. So hatte es der Händler erzählt. Später hatte auch Lore in den Krieg gehen müssen. Sie war eingezogen worden und war zerschunden und erschöpft, zermürbt vom Kanonendonner und dem Schreien der Männer, von der allgegenwärtigen Angst und Hast, zurückgekehrt. Auf dem Pferdemarkt hatte man sie für wenig Geld zum Verkauf angeboten, so hatte Lenes Vater die Stute erworben. Seine und Lenes liebevolle Pflege hatten Lore geholfen, die schrecklichen Erinnerungen zu bewältigen. Vergessen hatte sie sie nicht. Und wenn sie auch selten satt wurde, hatte sie sich doch als zufriedenes, arbeitswilliges Pferd erwiesen, dessen Schönheit und Adel man zumindest noch ahnen konnte.

Lene legte das mitgebrachte Futter in die Krippe der Braunen, und die machte sich hungrig darüber her. Sanft streichelte das Mädchen die Stute, legte ihr die Arme um den Hals und verbarg ihr Gesicht in der schwarzbraunen Mähne. „Meine Lore, jetzt sind wir zwei ganz allein. Wir müssen fest zusammenhalten, hörst du? Du bist alles, was mir noch geblieben ist. Und ich hab dich sehr lieb." Jetzt liefen Lene die Tränen doch übers Gesicht.

Lore hielt einen Augenblick mit dem Fressen inne und wandte langsam den Kopf. Behutsam berührten die Lippen der Stute das Gesicht des Mädchens, und sie schnaubte ihrer Freundin zärtlich ins Ohr, als wolle sie sie trösten.

Lene schmiegte sich dankbar an den warmen Körper des Pferdes. „Ich hör ja schon auf. Ist nur alles nicht so einfach für uns, Loreken, verstehst du? Der Vater, er fehlt mir so! Glaubst du, daß er uns beide jetzt sehen und hören kann?"

Wieder schnaubte die Stute. Sie rieb ihren Kopf an der Schulter des Mädchens, als wollte sie sagen: Hab keine Angst, wir beide zusammen, wir schaffen das schon.

Hinter ihnen wurde die Tür aufgezogen. Fritzchen, einer der Enkel von Mutter Kowalski, schob sich herein. „Was is'n Heulste?" fragte er und betrachtete Lene interessiert.

Lene wischte sich ärgerlich die Tränen ab. „Ach was, das is vom Regen. Hat die Oma dich geschickt?"

Der Junge nickte eifrig. „Essen is fertig."

„Ich komm schon!" Lene zog auf Lores Rücken die Decke zurecht, die die Stute vor Kälte und Zugluft schützen sollte, klopfte ihr noch einmal den Hals und folgte dem Jungen nach draußen. Sorgfältig verschloß sie die Tür.

Bei den Kowalskis war es warm und behaglich. Es roch nach Zwiebeln und nach nasser Wäsche, und auch nach den Äpfeln, die Mutter Kowalski auf dem Ofen briet. Denn wenn es auch ein trauriger Tag war, so war es doch ein besonderer, den es zu würdigen galt.

Vater Kowalski nahm Lene schweigend in die Arme. Selbst ihm war das Lachen vergangen, Lene spürte, wie bewegt der alte Mann war, als er ihren Kopf gegen seine Brust drückte, damit sie seine Tränen nicht sah.

Nach einer Weile ging Mutter Kowalski resolut dazwischen. Sie nahm Lene bei den Schultern, drückte sie auf einen Stuhl in der Nähe des Ofens und gab ihr einen Becher in die Hand. „Nu trink das erst mal. Holundertee, selbst gepflückt, der wärmt von innen!"

Lene trank gehorsam, und bald spürte sie, wie die Wärme wohlig durch ihren Körper floß. Mutter Kowalski schöpfte die Suppe in die Teller, und alle scharten sich um den Tisch. Die Kinder waren ungewöhnlich still, aufmerksam sahen sie Lene von der Seite an. Mutter, Geschwister und Vater zu verlieren, das war so etwas Schreckliches, daß man es gar nicht zu denken wagte.

Lene aß fast andächtig. „Danke!" sagte sie. „Danke, Mutter Kowalski, das tut gut. Graupensuppe mit Fleisch drin, so etwas hab ich schon lange nicht mehr gegessen!"

„Na komm, nimm noch einen Teller, damit du wieder auf die Beine kommst. Viel können wir nicht für dich tun, Leneken, aber für einen Teller Suppe wird's hoffentlich immer reichen."

Als sie gegessen hatten, zündete sich der alte Kowalski umständlich seine Pfeife an. Lene spürte, daß ihn die ganze Zeit schon eine Frage beschäftigte. Und sie fürchtete sich vor dieser Frage.

„Was machst du nun mit der Lore? Wirst dich von ihr trennen müssen, wenn du jetzt Arbeit suchst."

„Das beste wird sein, du gehst in Stellung", sagte Mutter Kowalski eifrig. „Oder in die Fabrik. Da nehmen sie auch Ungelernte."

„Aber Mutter Kowalski! Ihr wißt doch selbst, wie schwer es in dieser Zeit ist, Arbeit zu finden."

„Ist schon wahr", gab die alte Frau zu. „Für so eine halbe Portion wie dich allemal. Vor den Fabriktoren stehen sie jetzt Schlange nach Arbeit, alle die im Krieg davongekommen sind. Leicht wird es nicht sein. Vielleicht kannst du in einer Gastwirtschaft als Küchenhilfe arbeiten?"

„So eine Arbeit zu finden, dafür stehen sie heutzutage erst recht Schlange!" widersprach Vater Kowalski kopfschüttelnd. „Wie überall da, wo man sich den Magen vollschlagen kann."

Eine Pause entstand. Mutter Kowalski stellte die Suppenteller zusammen, und Lene benutzte den Augenblick, um von dem für sie bestimmten gebratenen Apfel, der vor ihr auf einer Untertasse lag, die Hälfte für Lore in ihrer Rocktasche verschwinden zu lassen. Vater Kowalski sah es und nickte ihr verständnisvoll zu. Würde sie bei ihm Unterstützung finden?

Lene atmete tief ein. „Ich habe darüber nachgedacht", begann sie. „Ich kann Lore nicht hergeben. Ich müßte sie zum Schlachter bringen, und ... und das kann ich nicht. Mutter Kowalski, sie ist für mich wie ein Mensch! Ein Familienmitglied! Wenn sie nun auch noch sterben muß, dann ..." Lene konnte nicht weitersprechen.

Die Kowalskis sahen sie mitleidig an.

„Verstehen wir ja, Leneken. Aber sterben wird sie so oder so. Entweder jetzt beim Abdecker, oder in den nächsten Wochen am Hunger."

„Dann sterbe ich mit ihr!" sagte Lene entschlossen. Plötzlich hob sie zuversichtlich den Kopf. „Ich weiß, was ich tue. Ich werde Vaters Geschäft weiterführen. Was habe ich zu verlieren? Wenn Lore und ich verhungern sollen, nun gut, dann gehen wir gemeinsam. Aber vielleicht schaffen wir es ja! Ich werde es jedenfalls versuchen."

Und so spannte Lene am nächsten Tag die Stute vor den Lumpenkarren und begann, von Haus zu Haus zu ziehen und laut zu rufen: „Lumpen, Alteisen, Papier! Leute, der Lumpensammler ist da!"

Es war ein mühsames Geschäft. Nach vier Jahren Krieg drehten die Leute ihre abgetragenen Kleider und die mürbe gewordene Wäsche dreimal um, ehe sie etwas wegwarfen. Altpapier wurde verfeuert und auch jedes Stückchen Metall sorgfältig geprüft, ob man es nicht für irgendeine Reparatur verwenden konnte. Auch war Lene nicht die einzige, die die Straßen abfuhr, um Altmaterial zu sammeln. Die Konkurrenten waren rücksichtslos und eiskalt, wenn es galt, dieses magere Mädchen abzudrängen. Was suchte ein Mädchen überhaupt in so einem Gewerbe? Sollte sie doch besser ihr hübsches Gesicht zu Markte tragen.

Doch Lene war tapfer. Sie wäre es weniger gewesen, wenn es da nicht Lore gegeben hätte. Für ihr Pferd war Lene bereit zu kämpfen, für Lores Überleben nahm sie jede Härte, jede Kränkung in Kauf.

Natürlich gab es da auch die anderen, jene Hausbewohner, die Mitleid mit ihr hatten. Vor allem waren es Frauen, die von Lenes Tapferkeit und Mut angerührt waren und ihr deshalb halfen; nicht nur, indem sie Lumpen und Altpapier extra für das Mädchen zurücklegten, sondern auch, indem sie trockenes altes Brot und Gemüsereste für Lore aufhoben. So überlebten Lene und Lore mehr schlecht als recht, doch sie überlebten.

Der Frühling kam und der Sommer, und das Leben wurde etwas leichter. Am Sonntag und in den späten Abendstunden konnte Lene ihre Stute in den heruntergekommenen Anlagen, auf leerstehenden Grundstücken und an Straßenrändern zum Grasen führen. Etwas ließ sich immer finden.

Auch hatte Lene durch die Hilfe des Kaufmanns, der seinen kleinen Laden im Kellergeschoß eines Hauses am Ende der Straße betrieb, ein paar feste Kunden gewonnen, die die bespannte Karre für kleine Transporte anmieteten. Lenes Selbstvertrauen wuchs, und sie bekam feste Muskeln, obwohl das Essen kaum je zum Sattwerden reichte. Mit der Zeit wurde Lene erfindungsreich, sie lernte, der Konkurrenz zuvorzukommen und sich bei der Kundschaft durch kleine Hilfsdienste beliebt zu machen. Sie galt als ehrlich, freundlich und zuverlässig, und die Leute hatten auch ihre Zurückhaltung schätzen gelernt. Nicht nur, daß Pferd und Karren stets sauber geputzt waren, trotz aller Armut wirkte auch das Mädchen immer gepflegt. Die Lene ließ man auch schon mal in die Wohnung kommen, um die Beutel mit Lumpen und die Zeitungsstapel selbst auf die Straße zu schleppen.

Am schönsten waren die Wochenenden, wenn die Kowalskis Lene und Lore in die Laubenkolonie mitnahmen. Da gab es kleine Fuhrdienste zu machen, die in Naturalien bezahlt wurden, Rüben für Lore, Obst, Gemüse und Kartoffeln für Lene.

Doch die Zeiten wurden schlimmer. Der Herbst kam, und dann der Winter. Und nun gab es keinen mehr, der nicht hungerte und fror. Vor den Lebensmittelgeschäften wurden die Schlangen täglich länger, immer mehr Menschen durchwühlten die Abfälle nach Eßbarem.

Auch bei den Kowalskis wurde die Suppe wäßriger, und Fleisch kam kaum noch auf den Tisch. Lore nagte an Zäunen und Sträuchern, sie fraß das Seegras aus alten Matratzen, nährte sich von Kohlstrünken und Kartoffelschalen, die Lene für sie bei den Bessergestellten aus dem Abfall klaubte. Sie hatten einen weiten Weg in die besseren Viertel, doch es war die einzige Chance, noch an Altmaterial zu kommen. Während Lene Altpapier, altes Eisen und Lumpen auf den Karren lud, sah sie sich stets unauffällig nach dem Inhalt der Abfalleimer um und steckte in ihren Beutel, was sich noch irgend zum Verzehr für die Stute eignete.

Hatte sie ihren Karren vollgeladen, hieß es, sich zu beeilen, um schnell zu den Händlern zu kommen. Denn von einem Tag zum anderen war das Geld weniger wert; und was gestern noch für ein Kilo Hafer und ein Stück Wurst gereicht hatte, reichte morgen gerade mal für drei Schrippen. Millionäre waren sie alle, wenn man den Zahlen auf den lappigen Scheinen glaubte; es war wie ein Hohn.

So sehr Lene auch kämpfte, nicht nur die Stute, auch sie selbst magerte bis auf die Knochen ab, und ihre Kräfte ließen nach. Lieber Gott, wenn es denn sein soll, dann laß uns wenigstens zusammen sterben, die Lore und mich. Dann werden wir bei Vater und Mutter und den Geschwistern sein, und es wird uns endlich gutgehen.

Einige gab es, denen ging es auch jetzt gut. Irma, die Tochter der Hausmeisterin, trug Seidenkleider, Schmuck und Pelzmäntel. Jeden Abend wurde sie von einem dicken Mann mit einer Zigarre im Mund im Auto abgeholt und kam erst gegen Morgen zurück.

„Wie kann man bloß so dämlich sein!" sagte Irma immer wieder zu Lene. „Du könntst det schönste Leben haben! Nachts in de Tanzbars, da findste jede Menge Kerle mit der großen Penunze! So hübsch wie de bist, da fehlt's dir an nüscht mehr. Bißken wat uff de Rippen solltest de allerdings vorher kriegen, damit se dir nich für deine Oma ihr Skelett halten."

Lene verzichtete auf die Herren mit dem großen Geld. Ein Kavalier wie der von Irma, auf so einen konnte sie gerne verzichten. Da verbrachte sie lieber die Nächte bei Lore im Stall. In Decken gewickelt wärmten sich das Mädchen und die braune Stute gegenseitig, und Lene erzählte Lore von früheren glücklichen Tagen: vom Sommer, von weiten Feldern, saftigen grünen Wiesen und von Ställen, in denen die Pferde bis zum Bauch im Stroh standen und zweimal am Tag Hafer bekamen.

Je schlimmer das allgemeine Elend wurde, desto aggressiver wurden die Menschen. Hunger und Kälte machten sie verbittert und rücksichtslos, niemand scherte sich mehr um den anderen, jeder kämpfte ums nackte Überleben. Hätte Lene nicht ihr Pferd Lore gehabt, das sie um keinen Preis im Stich lassen wollte, die Versuchung wäre übermächtig gewesen, einfach nicht mehr aufzustehen und auf den Tod zu warten. Doch so zwang sie sich jeden Morgen von neuem dazu, sich auf den Weg zu machen, um irgend etwas zu finden, daß ihr und Lore das Überleben für diesen Tag ermöglichte. Wenn nur Lore auf die Beine kam! Das war Lenes größte Angst. Wenn nur die Stute nicht vor Schwäche zusammenbrach!

Es war, als hätte Lene es an diesem Tage vorausgeahnt. Lore hatte große Mühe gehabt aufzustehen, und sie zitterte von der Anstrengung. Einen Augenblick hatte Lene gezögert, Lore aus dem Verschlag zu führen. Die Straßen waren glatt, es schneite, und die geschwächte Stute hatte ohnehin Mühe, sich auf den Beinen zu halten. Doch gerade heute hatte der Hausbesitzer, der es gut mit ihnen beiden meinte und Lene hin und wieder etwas zusteckte, einen Auftrag für sie. Aus einer kleinen Druckerei, die den Betrieb hatte einstellen müssen, gab es Altpapier auszuräumen und wegzuschaffen. Von dem Geld, das Lene dafür bekam, würde sie Futter für eine ganze Woche kaufen können.

Sie mußten fast bis in die Innenstadt laufen. Lene ging neben Lore her und zog mit am Karren, um die Kräfte der Stute zu schonen. Ihr war schwindlig vor Hunger, denn sie hatte den Kanten Brot, den sie hatte zum Frühstück essen wollen, doch lieber Lore gegeben und sich nur einen Becher Milch gewärmt. Bläulich schimmernde Magermilch, die einzige, die es noch zu kaufen gab, wenn man nicht wie Irma immer ein Bündel Geldscheine in der Tasche hatte.

Die Straßen waren wie leer gefegt von der Kälte. In einer schmalen Sackgasse neben einer Reihe anderer Handwerksbetriebe und kleiner Trödelläden lag die Druckerei. Zwei ehemalige Arbeiter waren dabei, die Maschinen abzubauen. Kopfschüttelnd betrachteten sie das magere blasse Mädchen, das sich da anschickte, die schweren Papierballen hinauszutragen und auf den Karren zu laden. Hin und wieder, wenn Lene zusammenzubrechen drohte, halfen die Männer ihr.

„Das genügt!“ sagte Lene besorgt. „Sonst wird es zu schwer für Lore. Ich fahre lieber mehrmals. Komm, mein Mädchen, ich helf dir so gut ich kann. Komm!“ Lene packte die Wäscheleine, die sie an der Deichsel für sich befestigt hatte, mit beiden Händen, legte sie sich über die Schulter und lehnte sich mit aller Kraft nach vorn. „Komm, Lore, meine Gute, zu zweit schaffen wir es!“

„Mein Gott!“ sagte im Trödelladen gegenüber eine Frau erschrocken. „Dieses Kind! Was sind das für Zeiten, daß ein Mädchen für einen Hungerlohn so arbeiten muß!“

In diesem Augenblick geschah das Schreckliche. Lene würde für den Rest ihres Lebens nicht das kalte, lähmende Entsetzen vergessen, von dem sie ergriffen wurde, als Lore anzog – und im gleichen Augenblick zusammenbrach, als wären ihre Beine aus Watte. Hart schlug sie aufs Pflaster. Lene kniete sich neben sie, streichelte, klopfte, ermunterte die Stute, nahm ihren Kopf in die Arme und beschwor sie unter Tränen: „Lore! Meine Lore, steh doch auf! Wir lassen den Karren stehen und gehen nach Hause, das verspreche ich dir! Hüah! Steh auf, Lore! Komm, ich flehe dich an, steh auf. Hüah, mein Pferd! Na los, du schaffst es! Hüah!“

Lore machte einen schwachen Versuch, auf die Beine zu kommen, dann sank sie kraftlos zurück. Wie aus dem Nichts waren plötzlich von überall her Leute herangekommen. Eifrig redeten sie auf Lene ein.

„Die is fertig, da is nüscht mehr zu machen, Meechen, det siehste doch!“

„Die kannste nur noch notschlachten. Je eher desto besser!“

„Da können wir uns alle eine Woche dran satt essen! Na los!“ schrie eine Frau. „Worauf wartet ihr noch!“

„Nein!“ schrie Lene und hatte auf einmal eine Stimme, als hätten die Posaunen des Jüngsten Gerichts ihr ihre Kraft geliehen. „Nein! Keiner rührt mein Pferd an. Verschwindet!“

„Sei vernünftig, Meechen! Tust deinem Gaul doch bloß ’nen Jefallen! In eener Sekunde is der im Pferdehimmel. Martha, hol mal det jroße Messer aus de Küche!“

„Hier, ick hab eens!“ schrie einer im Hintergrund.

Lene warf sich wie wild über die Stute. „Nein! Nein! Nein!“ schrie sie immer wieder. „Ihr rührt Lore nicht an! Erst müßt ihr mich töten!“

Jemand versuchte, sie mit Gewalt von Lore wegzuziehen. Lene klammerte sich mit aller Gewalt am Hals ihres Pferdes fest.

Lore versuchte sich schrill wiehernd aufzubäumen.

„Hilfe!“ schrie Lene. „Hilfe! Warum hilft mir keiner!“

Doch die Menschen umgaben sie wie eine Mauer. Und zwischen ihnen schob sich jetzt der Mann mit dem Messer heran.

Jetzt ist alles aus, dachte Lene. Lieber Gott, laß uns schnell sterben, alle beide! Mach, daß es schnell geht! Sie schloß die Augen und umklammerte Lore noch ein bißchen fester.

„Zurück, Leute!“ hörte sie da eine helle Stimme. „Gehen Sie nach Hause. Ich werde mich um das Mädchen und das Pferd kümmern."

Murrend zogen sich Lenes Angreifer zurück, sie ähnelten einer Meute hungriger Wölfe, die für einen Augenblick einem Stärkeren den Vortritt lassen, nur um sich später um so wilder auf ihr Opfer zu stürzen.

„Jnädigste, der Jaul is doch schon halbdot. Wir wolln ihm ja nur erlösen!" wagte der Mann mit dem Messer zu widersprechen.

„Zurück, habe ich gesagt! Gehen Sie nach Hause!" Die Dame beugte sich zu Lene hinunter. „Steh auf, mein Kind. Wir müssen sie wieder auf die Beine bringen. Hier, gib ihr das." Sie kramte aus ihrer Tasche ein paar Zuckerstücke und gab sie Lene in die Hand.

Lene schob sie Lore zwischen die Lippen. Die Stute malmte langsam die lange nicht mehr genossene Süßigkeit, von der eine geheimnisvolle Kraft auszugehen schien, eine Hoffnung auf Leben.

„Wir werden ihr das hier unterschieben, damit sie nicht so stark unterkühlt wird", sagte die Dame und nahm ihre Pelzstola von den Schultern. „Es ist besser als nichts. Hab keine Angst, gleich wird Hilfe kommen."

Am Ende der Straße tauchte eine Limousine auf und hielt wenige Meter von ihnen am Straßenrand. Lene war so damit beschäftigt, Lore die wärmende Stola unter den Körper zu schieben, daß sie den Chauffeur nicht bemerkte, der jetzt, verwundert die Szene betrachtend, herankam.

„Schnell, Sikowski, wir brauchen Ihre Hilfe, das Pferd muß unbedingt wieder auf die Beine! Bringen Sie noch eine Decke!"

Angesichts der entschlossenen Dame und ihres kräftigen Chauffeurs zerstreute sich die Menge zögernd. Hier gab es wohl nichts mehr zu holen, was sollte man also noch in der eisigen Kälte herumstehen. Sikowski kam mit einer weiteren Decke, die er Lore geschickt unter den Leib schob. Dann packten sie zu dritt die Ecken der Decke, Lene und ihre Gönnerin auf der einen, Sikowski auf der anderen Seite, und hoben sie an.

„Hüah! Komm, Lore! Auf jetzt! Steh auf!"

Sei es nun der Zucker, der Lores Lebenswillen neu entfacht hatte, oder die kräftige Hilfe, die ihr beim Aufstehen zuteil wurde, Lore kam wieder auf die Beine. Sie wurde zugedeckt, ja, richtig eingewickelt, und Lene rieb und massierte ihr die Gelenke. Sikowski hatte aus den Einkaufstüten im Kofferraum des Wagens ein paar gelbe Rüben geholt, die er der Stute nun in kleinen Stücken ins Maul schob.

Plötzlich stutzte er. „Frau Baronin! Haben Sie das gesehen? Da soll mich doch der Leibhaftige holen, wenn das nicht unsere Loreley ist! Die Loreley vom jungen Herrn!"

Die Frau war bei seinen Worten blaß geworden. Langsam ging sie um Lore herum und betrachtete sie genau. Sanft strich sie ihr über die S-förmig geschwungene Blesse. „Das S, das für Sieg steht! Wahrhaftig. Diese Augen, der Kopf! Sie ist es!"

Lene hatte staunend zugehört. „Sie kennen Lore von früher? Ich weiß, der Händler hat uns gesagt, daß Lore im Krieg einem jungen Offizier gehört hat, der dann ..." Sie stockte.

„Der dann gefallen ist, ja", sagte die Baronin ernst. „Es

war mein Sohn. Wir wußten damals nicht, wo Loreley geblieben war, in dem Durcheinander an der Front. Ich dachte, sie wäre auch gestorben. Wer weiß, was sie durchgemacht hat, bevor sie mit anderen kriegsuntauglichen Pferden in die Heimat zurückgeschickt wurde. Ich habe nie wieder etwas von ihr gehört."

Den Rest der Geschichte konnte Lene erzählen. Von dem Vater und seinem Altwarenhandel, von der Baracke im Hinterhof, in dem sie mit Lore nach dem Tod des Vaters allein lebte.

Was nun geschah, war für Lene wie ein Traum. Als Lore sich ein wenig erholt hatte, begleiteten die Baronin und Sikowski das Mädchen und ihre Stute nach Hause, aber nur, damit Lene die wenigen Sachen, die sie in ihr neues Leben mitnehmen wollte, zusammenpacken konnte. Dann zogen Lene und Lore auf das Landgut der Baronin um.

Lore wohnte nun in einem hellen Stall mit reichlicher Einstreu neben den Pferden der Baronin. Täglich konnte sie sich satt fressen, bald glättete sich das struppige Fell, die Rippen, die sich so jämmerlich durch die magere Haut abgezeichnet hatten, waren nicht mehr zu sehen, Lore wurde fast wieder so schön, wie sie es in den Jahren vor dem Krieg gewesen war.

Lene lebte als Pflegekind bei ihrer Beschützerin. Endlich durfte sie wieder zur Schule gehen. Sie lernte mit großem Eifer, machte sich im Haushalt nützlich, las ihrer Freundin vor und begleitete sie auf ihren häufigen Kutschfahrten durch die Felder. Es war kein luxuriöses Leben, das sie führten, denn auch die Landwirte litten unter der harten Zeit, doch sie mußten nicht hungern und hatten in allem ihr Auskommen. Lene lernte viel über die Landwirtschaft, auf dem Land wollte sie nun für immer bleiben und arbeiten.

Und sie lernte reiten. Denn das war fortan die einzige Aufgabe, die Lore nach ihrem harten Leben noch zu erfüllen hatte – mit ihrer jungen Freundin über Feldwege, durch Wiesen und Wälder zu laufen.

Stärkster Sieger!

Als Billy O'Sullivan an diesem Abend Robin's Pub betrat, war der rauchgeschwärzte niedrige Raum bereits bis auf den letzten Platz besetzt. Am Tresen, wo sein Stammplatz war, rückten sie zur Seite, und der Wirt schob ihm, noch während er gewohnheitsgemäß murmelte „Wie immer?" das erste Pint über die zerkratzte Messingplatte. „Spät geworden heute? Aber wer will schon bei dem Sauwetter auf die Straße."

Billy antwortete nicht. Ohne hinzusehen schob er mit dem Handrücken das frischgezapfte Bier dahin zurück, woher es gekommen war. „Whisky!" brummte er.

Der Wirt ließ einen bedeutungsvollen Blick über die am Tresen versammelte Runde gehen. Die Männer sahen sich fragend an. Daß Billy einen Whisky verlangte, hatte es seit Menschengedenken nicht mehr gegeben. Da mußte etwas Ernstes vorgefallen sein. Vorsichtig musterten sie den alten Jockey mit dem hageren Gesicht und dem spärlichen grauen Haarkranz, dessen Dürftigkeit Billy dadurch vor der Welt zu verbergen suchte, daß er die Mütze fast niemals abnahm.

Der Wirt schenkte einen reichlichen Doppelten ein und schob ihn zu Billy hinüber. Er selbst genehmigte sich auf den Schreck hin das verschmähte Bier.

Billy trank den Whisky in einem Zug. „Noch einen!“ brummte er. „Und laß die Flasche da!“

Wieder sahen sich die Männer fragend an.

„So einen Regen“, versuchte Pat O’Brian schließlich eine Konversation in Gang zu bringen, „hatten wir zuletzt am dreizehnten November vor fünf Jahren. Ich weiß es wie heute. Wir mußten meine Schwiegermutter an dem Tag begraben. Sind um ein Haar alle davongeschwemmt worden, mitsamt dem Sarg.“ Doch dann ließ sich seine Neugier nicht mehr bezähmen. „Ist was passiert?“ fragte er Billy abwartend.

Billy O’Sullivan antwortete nicht. Erst jetzt bemerkten sie, daß er nicht mehr ganz nüchtern war. Billy die Rakete hatten sie ihn früher in seinen besten Zeiten genannt. Denn daß seine Pferde immer unter den drei ersten lagen, meistens gar als Sieger durchs Ziel gingen, war so selbstverständlich wie der tägliche Regen im Hochland.

Viel wußten sie nicht über ihn. Die Gäste von Robin’s Pub gehörten nicht zu den Rennbahnbesuchern, nicht einmal zu jenen, die sportliche Ereignisse jeder Art wenigstens in den Zeitungen und Radionachrichten verfolgten. Billy hatte sich den Platz, an dem er seine Abende verbrachte, mit Bedacht so gewählt, daß er keine lästigen

Fragen über Fähigkeiten und Chancen seiner Pferde befürchten mußte.

„Ein ...“, der Wirt räusperte sich und sah unsicher in die Runde, „ist es ein Trauerfall?“

Billy lachte so plötzlich auf, daß die Männer an der Theke erschrocken zurückfuhren. „Ein Trauerfall, ja, so könnte man's nennen! Ein lebenslanger Trauerfall. Na ja, wenigstens für ein paar Leute.“

Billy lachte immer noch krächzend. Sie waren sich nicht sicher, ob das Lachen nicht doch nur ein Vorwand war für die Tränen, die dem alten Jockey übers Gesicht liefen. Hastig wischte er sich mit der Hand über die Augen und goß einen weiteren Doppelten hinunter.

Pat O'Brian wagte einen neuen Versuch. „Nun sag schon, Billy! Sieht nicht gerade aus, als hättest du auf 'ner Hochzeit getanzt.“

„Stimmt“, brummte der alte Jockey. „Also, 'ne Hochzeit war's nicht grade. Eher 'ne Abschiedsparty.“ Er sprach so leise, daß ihn außer Pat, der neben ihm saß, kaum jemand verstanden hatte. Kein Zweifel, es fiel ihm schwer, mit der Sprache herauszurücken.

Doch Pat ließ nun nicht mehr locker. „Abschiedsparty? Für dich?“

Billy O'Sullivan schüttelte den Kopf. „Der alte Joker hat uns verlassen. Ist in Pension gegangen. Heute morgen haben sie ihn abgeholt. Na ja, er hat die Ruhe verdient. Nach Haybury Hills kommt er. Schöne Landschaft, gute Luft, da wird's ihm gefallen.“

„Joker? Wer zum Teufel ist Joker?“ fragte ein Neuer in der Runde verständnislos. Nur weil da ein Kumpel in Pension ging und sich ins Hochland absetzte, geriet man doch nicht so außer Fassung!

Billy O'Sullivans Reaktion war so unerwartet, wie es eben sein Lachanfall gewesen war. Er sprach von seinem Hocker, wobei er mehrere Gläser gefährlich ins Wanken brachte, und blickte wild in die Runde. „Er kennt Joker nicht! Gibt's das! Hier ist einer, der kennt Joker nicht!"

„Er meint Joker, das Rennpferd!" klärte aus dem Hintergrund ein altes Männchen mit dünner Stimme den Neuen auf. „Fabelhafter Kerl! Ein echter Gentleman! Hat mir immer imponiert!"

„Genau der! Einen Doppelten für den Herrn dahinten!" Billy O'Sullivan fühlte sich endlich verstanden.

Nun war die Neugier der anderen geweckt. Alle bestürmten sie Billy mit Fragen nach diesem offenbar so außergewöhnlichen Pferd.

„Tja, was ganz Besonderes, das war er!" Billy O'Sullivans Augen begannen zu glänzen. „Ich werde nie den Tag vergessen, als ich ihn das erstemal sah. Kam gerade vom Training, als sie ihn ausluden und auf die Koppel ließen, damit er sich die Beine vertreten konnte. Zwei Jahre jung, und was für ein Pferd! Der galoppierte nicht, der schoß wie eine Rakete über das Grün, daß man sich nur noch die Augen rieb, weil man so schnell gar nicht gucken konnte!

Beim ersten Training lag er um sieben, acht Längen vorn, und trotzdem hatte ich das Gefühl, als spielte er nur. Wie mußte das erst sein, wenn er wirklich im Rennen startete!

Vielleicht hätte es mich mißtrauisch machen sollen, daß er mitten in der Zielgeraden wie ein hakenschlagender

Hase nach links ausbrach und zum Sattelplatz fegte, weil da gerade ein Stallgenosse von ihm ausgeladen wurde. Ich machte einen dreifachen Salto aus dem Sattel und brach mir zwei Rippen. Und damit nicht genug: Bei dem Versuch, ihn einzufangen, wurden zwei Leute von ihm glatt über den Haufen gerannt, und der Stallbesitzer brach sich den Arm.

Aber was verzeiht man nicht so einem jugendlichen Ungestüm, wenn man das begabteste Pferd, das die Welt je gesehen hat, unter den Sattel kriegt! Die Aussicht auf gute Gewinne lindert manchen Schmerz. Jungs, wenn der so loszog, sich unter einem streckte, als räkele er sich im ersten Aufwachen und probiere gerade mal ein bißchen seine Glieder aus", ein kleines Lächeln lag auf Billys Gesicht und, die Augen halb geschlossen, nahm er eine Haltung an, als säße er im Sattel, „und wenn er dann in weiten Sätzen über den Rasen stürmte, als berühre er kaum den Boden, ja, das ist ein Gefühl. Du riskierst einen Blick hinter dich, und das Feld scheint zu stehen. O Mann, das kann man nicht beschreiben!"

„Ja, ich sehe ihn vor mir!" sagte der Neue. „Das Bild eines Pferdes, das Urbild von Kraft, Harmonie und Schönheit!"

Billy O'Sullivan tauchte aus seinen Träumen auf. Er nickte versonnen. „Schönheit? Na, eine Schönheit war er nicht. Statt einer Mähne nur Fransen, und seine Augen hatten die Farbe von verdünntem Whisky. Und im Schritt auf dem Hof ging er so träge hinter dir her, als wollte er sich am liebsten tragen lassen!" Billy nahm einen Schluck. „Der machte den Eindruck wie einer, der den ganzen Tag im Bett verbringt. Nein, von Feuer und Adel war da nicht viel zu sehen. Den hatte er nur innerlich."

„Was macht schon das Aussehen!" rief Pat O'Brian in die Runde. „Auf die inneren Werte kommt es an, sag ich immer! Und auf die Beine! Bei jedem Rennen die anderen hinter sich zu lassen ..."

„Nun", fiel ihm Billy ins Wort. „Nur auf die Beine wohl doch nicht. Wenn der Kopf nicht mitmacht, nützt dir das höchste Tempo nichts."

„Soll das heißen, Joker war zu dumm fürs Galopprennen?" Der Neue hatte offensichtlich noch nie von diesem Pferd gehört, sonst hätte er nicht so eine Frage gestellt.

„Im Gegenteil!" versicherte Billy. „Er war bei Gott das klügste Pferd, das mir je begegnet ist. Am Anfang wollte ich es nicht glauben. Aber irgendwann habe ich es dann kapiert: Joker fand es unter seiner Würde, mit anderen um die Wette zu laufen. Er lief genau so lange wie er Lust hatte – und dann brach er die Veranstaltung ab. Er ließ die anderen an sich vorbeiziehen oder ging gleich schräg über den Grünstreifen zum Stall rüber.

Was habe ich nicht alles versucht, ihm das abzugewöhnen. Mit dem Geländewagen hab ich ihn über die Felder gescheucht. Bin am Strand mit ihm langgaloppiert, um ihm Manieren beizubringen. Und wißt ihr, was der Kerl tut, bloß um der blöden Rennerei zu entgehen? Er schlägt seinen berühmten Haken, katapultiert mich in den Sand und stürzt sich ins Meer. Ich sehe ihn noch davonschwimmen, Richtung Amerika. Zwei Seemeilen war er schon draußen, als ihn ein Fischer entdeckt und ins Schlepptau genommen hat. Danach hat Joker fast vierundzwanzig

Stunden durchgepennt. Und am nächsten Renntag, was glaubt ihr?“

„Hat er gesiegt!“ rief der Neue eifrig.

„Das hab ich tatsächlich geglaubt, ja“, antwortete Billy lachend. „Jedenfalls bis hundert Meter vor dem Ziel. Da lagen wir gut zehn, elf Längen vorn, ohne daß der Gaul sich groß angestrengt hätte. Na, hab ich mir gedacht, zur Not geht er im Schritt über die Ziellinie, die anderen haben keine Reserven mehr, diesmal schaffen wir's. Die Zuschauer toben vor Begeisterung. Haben ihn ja alle richtig geliebt wegen seiner Extratouren. Und was tut der Bursche? Läuft geradewegs auf die Zuschauertribüne zu, um sich die Leute näher anzusehen!“

„Sag ich doch!“ meldete sich das Männchen mit der dünnen Stimme wieder zu Wort. „Er war ein Gentleman. Wollte sich nur mal eben bedanken!“

Die anderen lachten schallend.

„Aber er muß doch in seiner langen Laufbahn auch gesiegt haben?“ erkundigte sich der Neue ungläubig.

„In siebenundsiebzig Rennen nicht ein einziges Mal“, berichtete Billy O'Sullivan weiter. „Sein erster Besitzer, ein arabischer Scheich, hatte ihn damals als Einjährigen für fast hunderttausend Pfund gekauft. Als er zu uns kam, hat er gerade noch viertausendachthundert gekostet. Es war ein Jammer.“

„Siebenundsiebzig Niederlagen, das ist doch direkt eine Kunst, wenn einer das fertigbringt“, murmelte der Wirt kopfschüttelnd. „Das soll erst mal einer nachmachen!“

„Das Schlimmste“, fuhr Billy O'Sullivan fort, „war der Tag, an dem wir in Ascot vor den Augen Ihrer Majestät gestartet sind. Die Königin hatte von ihm gehört. Junge! hab ich zu ihm gesagt, Junge, dieses eine Mal laß mich nicht im Stich! Nur dieses eine Mal laß uns siegen. Bei Gott, ich hab ihn beschworen, hab ihm das Blaue vom Himmel versprochen. Am Anfang geht auch alles gut, wie so oft, er rennt los, federleicht, wie zum puren Vergnügen und läßt das Feld acht, neun, zehn Längen hinter sich. Komm, geh nach Hause, wir sind gleich da, nur noch die paar Meter! flehe ich ihn an. Da merke ich schon, daß er etwas entdeckt hat, das ihn interessiert. Er bricht ab, trabt direkt auf die Königliche Loge zu und betrachtet die alte Dame, die Königinmutter, als hätte er noch nie 'ne Frau gesehen."

„Vielleicht noch nie so eine elegante", warf der Wirt ein, der sich an den Vorfall erinnerte. Er hatte in allen Zeitungen gestanden.

„Und wie hat Ihre Majestät reagiert?" drängte der Neue.

„Nun, sie hatte schon von ihm gehört. Deshalb stand sie auf und kam zu uns herunter. Und was tut der Kerl? Schüttelt den Kopf und flippt ihr mit der Nase den Hut runter! Da waren jede Menge Blumen und so künstliches Obst drauf. Und sie: ‚Der Hut gefällt dir wohl nicht!' Und lacht. Er schüttelt wieder den Kopf. Ich hab gedacht, ich müßte in den Erdboden versinken!"

Billy trank seinen Whisky aus und seufzte auf. „Verrückter Kerl. Das Leben mit ihm hat mich den letzten Nerv gekostet. So ein Pferd gibt's nicht wieder!"

„Na also!" munterte der Wirt ihn auf. „Dann beginnen jetzt ja goldene Zeiten für dich. Hast endlich deine Ruhe."

Billy O'Sullivan schüttelte den Kopf. „Ich habe ihn geliebt, versteht ihr? Ich habe diesen verrückten Kerl geliebt wie kein anderes Pferd vor ihm. Er wird mir fehlen." Eine Weile schwieg er, und die anderen senkten, ob dieses sehr persönlichen Geständnisses, die Blicke und tranken schweigend. „Aber wißt ihr was?" Billy O'Sullivan sah sie an. „In einem ist er doch der stärkste Sieger! Auf der Liste der Flop-Ten im Galoppsport hält er die absolute Spitze! Siebenundsiebzig glanzvolle Niederlagen! *Immer der Langsamste! Der Letzte!* Der nächste auf der Liste konnte da erst mit achtundvierzig Niederlagen aufwarten. Und der lief nicht halb so gut wie Joker!"

Die Reise des Fürsten Alexej

Als Tatjana starb, die schöne junge Frau des Fürsten Alexej, schien die Welt stillzustehen. Der Fürst hielt im Hause die Uhren an, Möbel und Bilder wurden mit schwarzen Tüchern verhängt, und das Hauspersonal verständigte sich nur noch im Flüsterton. In den Ställen trauerten die Pferde, sie warteten vergeblich auf die sanfte, fröhliche Stimme ihrer Herrin. Alles schien zu verstummen, sogar der Himmel verdeckte sein Blau mit einem fahlen, gelbgrauen Leichentuch.

Aus den fernsten Gegenden kamen Freunde und Verwandte, um der Toten das letzte Geleit zu geben. Die Dorfkirche konnte die Menge der Besucher nicht fassen, die sich noch einmal vor dem Sarg der von allen geliebten jungen Fürstin verneigen wollten.

Die Beerdigung war vorüber, die Trauergäste traten den Heimweg an. Sie hatten reichlich gegessen und ge-

3 10302-6

trunken und nur schwer bei dem üppigen Mahl die aufkommende Heiterkeit im Zaum gehalten. Fürst Alexej war großzügig gewesen, selbst an einem solchen Tag. Und niemand hatte bemerkt, daß der Gastgeber heimlich die Tafel verlassen hatte, um mit seiner grenzenlosen Trauer allein zu sein.

Später suchte man nach ihm, vergeblich. Ängstlich blickte man in die verborgensten Winkel des weitläufigen Herrenhauses. Wie, wenn der Fürst sich aus Kummer etwas angetan hatte? Doch nirgends war er zu finden.

Wassilij, sein treuester Diener, war es, der ihn schließlich entdeckte. Fürst Alexej saß zusammengekauert in der Box der Stute Barynja. Barynja, dem Lieblingspferd der Fürstin Tatjana.

Sie hatten ihr gemeinsam den Namen gegeben, nachdem sie das Fohlen lange in der Herde beobachtet hatten. Pferdezucht war ihrer beider Leidenschaft, und die kleine Stute hatte sich stets als Anführerin ihrer Altersgenossen gezeigt. Sie war schon damals die Klügste und Schnellste von allen gewesen, dabei von mütterlicher Fürsorge den Schwächeren gegenüber. Und schon damals hatte die junge Fürstin Tatjana beschlossen, Barynja solle einmal *ihr* Pferd, ihre beste Freundin werden.

Barynja hatte die Hoffnungen ihrer Herrin nicht enttäuscht. Nie hatte ein Pferd seine Reiterin sicherer getragen, nie aufmerksamer auf sie gehört. Die ganze Liebe und Freundschaft, derer sie fähig war, hatte Barynja ihrer Freundin geschenkt. Und als die Fürstin erkrankte, hatte die Stute ihre Liebe auf Alexej übertragen, so wie es Tatjana sich wünschte.

Von da an war er mit Barynja durch Wälder und Wiesen galoppiert. Und wenn sie erschöpft heimkehrten und die junge Fürstin auf ihrem Ruhebett im Garten lag, hatten sie neben ihr ausgeruht, der Mann und das Pferd. Barynja hatte gegrast und war zwischendurch immer einmal zu ihrer Herrin getreten, um mit ihren Lippen sanft deren Hände zu berühren oder mit einem zarten Schnauben über die fieberheiße Stirn zu prusten.

War es ein Wunder, dachte Wassilij, wenn der Fürst jetzt Trost bei der Stute suchte? Er hörte das verzweifelte Schluchzen seines Herrn und wagte nicht, seine Trauer zu stören. Doch alle paar Stunden schlich er leise an die Box heran, um nach dem rechten zu sehen. Der Fürst versorgte die Stute offenbar liebevoll. Er selbst begnügte sich mit ein wenig frischem Wasser aus der Tränke. Dann versank er wieder in seine Trauer.

Tagelang ging das so. Als Wassilij am zehnten Tag kam, bemerkte Fürst Alexej seinen Diener. „Hol mir ein Stück Brot, Wassilij, und einen süßen Tee. Und dann laß uns wieder allein, wir haben etwas miteinander zu besprechen."

Wassilij tat, wie ihm aufgetragen worden war, dann zog er sich schweigend zurück. In der Küche berichtete er dem Gesinde, wie er den Fürsten vorgefunden hatte.

„Die Trauer hat ihn um den Verstand gebracht!" seufzte Malanja, die Köchin. „Was wird das noch werden."

„So eine große Liebe! Und so früh dahin", bemerkte Swetlana, die Hausbesorgerin. „Er wird vor Kummer sterben."

„Mag schon sein." Wassilij sog sorgenvoll an seiner Pfeife. „So einer folgt schnell seiner Liebsten nach. Was hält ihn noch im Leben?“

Noch eine ganze Woche hauste der Fürst bei Barynja im Stall. Hin und wieder aß er ein Stück Brot, trank einen Schluck Wasser, doch er magerte immer mehr ab. Dunkel lagen die Augen in ihren Höhlen, mit dem wilden Stoppelbart, der ihm wuchs, war er kaum noch zu erkennen.

„Heute ist Sonntag, gnädiger Herr“, wagte Wassilij ihn am achten Tag anzusprechen. „In der Kirche lesen sie wieder die Messe für die Herrin. Man erwartet Euch dort.“

Fürst Alexej schien aus einem tiefen Traum zu erwachen. Er stand auf, reckte die Schultern und sah den Diener freundlich an. „Es ist gut, Wassilij. Barynja und ich wissen nun, was zu tun ist. Sag Swetlana, sie soll mir ein Bad bereiten und mir saubere Kleider zurechtlegen, wir wollen in die Kirche fahren. Und danach laßt den Verwalter und die Bauern zu mir rufen. Auch die Hausbesorgerin und die Köchin sollen dabeisein. Ich habe euch etwas mitzuteilen.“

Wassilij eilte ins Haus und besorgte alles, wie der Fürst es ihm aufgetragen hatte. Während des Gottesdienstes konnte er sich kaum auf die Worte des Popen konzentrieren, so sehr rätselte er, was es wohl sein würde, das der Fürst ihnen mitteilen wollte.

Als die Bediensteten sich vollzählig in der großen Halle des Hauses versammelt hatten, trat Fürst Alexej zu ihnen. „Hört mir zu!“ sagte er. „Ihr alle habt mir bis zum heutigen Tage treu gedient, und dafür möchte ich euch danken. Wir haben in Frieden und Offenheit miteinander gelebt, und ich glaube, ich habe es euch gegenüber an nichts fehlen lassen."

Zustimmendes Gemurmel wurde laut, doch der eine und andere flüsterte auch: „Was soll das werden? Will er sich das Leben nehmen? Wird er fortgehen?"

„Wie es bisher war, so soll es auch in Zukunft sein. Ich übergebe hiermit meinem Verwalter Boris Iwanowitsch die Leitung meines Besitzes. Ich selbst werde eine lange Reise antreten. Tatjana, meine liebe Frau, hat es mich wissen lassen."

Nun dachten die Leute erst recht, Fürst Alexej habe die Absicht, Hand an sich zu legen. Doch eine solche Tat war Sünde, und der Fürst war ein frommer Mann. Sollte der Schmerz ihn so weit verwirrt haben?

Am unglücklichsten schaute Wassilij drein; und er folgte seinem Herrn auf Schritt und Tritt, um möglicherweise das Schlimmste zu verhindern. Der Fürst war nun damit beschäftigt, sein Haus für die lange Abwesenheit zu bestellen und jedem seine Aufgabe zuzuteilen. Es sollte keinen Streit geben, wenn der Herr des Hauses nicht schlichtend eingreifen konnte.

Ängstlich beobachtete Wassilij seinen Herrn, besonders wenn der in die Nähe des Waffenschranks kam. Seine Pistolen zu verstecken wagte er nicht, doch er wollte zur Stelle sein, wenn Fürst Alexej tatsächlich zu so einem schrecklichen Mittel greifen sollte, um seiner Trauer ein Ende zu setzen.

Zu seiner Überraschung wandte sich der Fürst schließlich ihm zu. „Es ist soweit, Wassilij, wir können aufbrechen. Morgen früh werden wir uns auf die Reise begeben."

Wassilijs Kehle wurde eng, sein Herz klopfte. Er sollte den Fürsten in den Tod begleiten? „Morgen früh schon?" stammelte er.

Der Fürst sah ihn ernst an. „Wenn es hier jemanden gibt, dessentwegen du die Heimat nicht verlassen möchtest, so sag es nur. Allerdings hatte ich immer den Eindruck, du wärst frei und ungebunden. Wie ich jetzt", fügte er leise hinzu.

„Wohin ..." Wassilijs Stimme versagte den Dienst. „Wohin soll die Reise gehen?"

„Das weiß ich nicht", sagte der Fürst lächelnd. „Nach Polen, Böhmen, Österreich oder Italien, vielleicht auch nach Frankreich. Barynja hat mich wissen lassen, ich solle mich von ihr und ihren Gefährten führen lassen. Der Ort, an dem sie sich weigern werden weiterzuziehen, wird der Platz sein, an dem ich ein neues Glück finden könnte."

Wassilij atmete auf. Die Stute sollte ihm das gesagt haben? Verrückte Idee. Doch was kümmerte es ihn. Sie traten eine Reise durch halb Europa an. Da war er dabei! Schließlich war er noch jung, und wer weiß, vielleicht blühte auch ihm in der Fremde endlich einmal das Glück.

Gemeinsam mit dem Fürsten suchte er die kräftigsten Pferde heraus und stellte zusammen, was sie für die Reise brauchen würden. Packpferde trugen das wenige, das Fürst Alexej aus der Heimat mitnahm: das Bild seiner Frau, seine liebste Ikone, seine Bibel, ein paar Bücher, Schreibzeug und die nötigste Kleidung. Außerdem in einem ledernen Etui, das er am Leib trug, Geld, ein paar Goldstücke und Kreditbriefe seiner Bank in St. Petersburg.

Am nächsten Tag ging der Fürst noch einmal in den Park hinaus, wo nicht weit von der kleinen Kapelle die junge Fürstin begraben lag. Er betete lange, dann kehrte er zum Haus zurück. Fürst Alexej und seine Männer nahmen Abschied und machten sich auf den Weg.

Der Fürst ritt Barynja, die Stute. Wassilij begleitete ihn auf einem kräftigen Braunen. Außer ihm ritten noch ein paar abenteuerlustige junge Burschen mit, die für die Packpferde verantwortlich waren, und sich von des Fürsten Suche nach dem Platz, an dem er Frieden und ein neues Glück zu finden hoffte, auch für sich selbst ein besseres Leben versprachen.

Sie ritten nach Westen. Ihr erstes Ziel war die Besitzung eines litauischen Grafen, eines alten Freundes des Fürsten, der sie herzlich aufnahm. Sie blieben zwei Tage, dann machten sie sich wieder auf den Weg.

„Sagt mir, gnädiger Herr", begann Wassilij, als sie die polnische Grenze überschritten hatten. „Wie weit glaubt Ihr, werden wir ziehen?"

„Ich weiß es nicht, Wassilij. Frag Barynja. Aber ich denke, auch sie muß den Ort erst finden."

„Ist es wirklich wahr, daß Ihr mit der Stute sprechen könnt wie mit einem Menschen?" brachte Wassilij zögernd heraus.

„Nicht wie mit einem Menschen", erklärte der Fürst geduldig. „Wir verständigen uns ohne Sprache. Wenn du so willst: Ich kann ihre Gedanken sehen. Ihre Gefühle. Und sie die meinen."

Wassilij war das nicht ganz geheuer. Aber da er den Fürsten von Herzen liebte und verehrte wie einen Vater, sagte er sich, das werde schon seine Richtigkeit haben.

Es war eine geruhsame Reise. Der Fürst ließ seine Pferde das Tempo bestimmen, und brauchten sie Ruhe, so wurde einen Tag gerastet. Quartier fanden sie auf Landgütern. Manchmal waren es prächtige Besitzungen, mit einem Schloß und herrschaftlichen Stallungen. Ein andermal kleinere Gutshöfe, auf denen das Leben bescheidener zuging. Der Fürst zeigte sich großzügig im Entlohnen seiner Quartiergeber und zahlte reichlich für Kost und Logis, Stall und Futter. Nicht nur deshalb waren sie überall gerngesehene Gäste. Wo Pferde geliebt und sorgsam gepflegt wurden, schätzte und achtete man einen Mann, dem seine Tiere so am Herzen lagen.

Doch es geschah, daß zwei der jungen Packpferde des Fürsten den Strapazen der Reise nicht gewachsen waren. Eines lahmte nach einem Sturz, ein anderes war bei Regenwetter auf der aufgeweichten Landstraße ausgerutscht und hatte sich verletzt.

Sie waren inzwischen in Deutschland und hatten Quartier bei einem Rittmeister und seiner Frau genommen, die für ihre Pferdezucht bekannt waren. Fürst Alexej und seine Leute wurden wie immer freundlich aufgenommen. Die Gastgeber freuten sich über die Abwechslung, die ihnen der Besuch im Einerlei ihres Alltags brachte. Der Fürst wurde mit einem köstlichen Essen bewirtet, und man sprach den ganzen Abend über nichts anderes als über Pferde.

„Ich würde gern die zwei Stuten, die verletzt sind, bei Ihnen lassen, lieber Rittmeister“, sagte der Fürst schließlich. „Sie werden sich in ein paar Tagen erholt haben, und es sind ausgezeichnete Pferde. Würden Sie mir dafür zwei andere aus Ihrer Zucht verkaufen?“

„Wer spricht hier von verkaufen! Wir tauschen sie selbstverständlich aus!“ rief der Rittmeister lebhaft. „Lieber Freund, Sie sind als Pferdezüchter in Ihrem Lande weithin bekannt, und ich habe mir Ihre Tiere genau angesehen. Selbst wenn sie sich die Besten aus meinem Stall holten, hätte ich noch einen Gewinn davon!“

Am nächsten Morgen nach dem Frühstück gingen Fürst Alexej und der Rittmeister zu den Weiden hinaus, wo zwei Dutzend kräftiger junger Reitpferde grasten. Der Fürst warf der Herde nur einen flüchtigen Blick zu.

„Bring mir Barynja, Wassilij. Sie soll sich die richtigen Reisegefährten heraussuchen.“

„Sofort, gnädiger Herr.“ Wassilij stolperte eilends davon, verwirrt von dieser neuen Marotte seines Herrn. Manchmal schien der seine Liebe zu der Stute wirklich zu übertreiben. Nun, das sollte nicht seine Sorge sein. Solange der Fürst für ihn sorgte wie ein Vater, konnte er die Stute seinetwegen nachts in sein Himmelbett legen und selbst im Stall schlafen, ihm war das egal.

Der Rittmeister war nicht weniger verwirrt, doch er ließ sich nichts anmerken. Er erzählte die Geschichte jedes einzelnen Pferdes, hob dieses oder jenes wegen seiner Ausdauer oder seines guten Charakters hervor oder lobte seine Gänge.

Barynja wurde gebracht.

„Laßt sie zu den anderen“, befahl Fürst Alexej.

Der Rittmeister beobachtete besorgt, ob es zwischen den einheimischen Pferden und der fremden Stute nicht zu einem Kampf kommen würde. Doch nichts dergleichen geschah. Barynja blieb in einiger Entfernung von der Herde stehen und betrachtete sie aufmerksam, als prüfe sie jedes einzelne Tier. Die Pferde hatten ihr neugierig die Köpfe zugewandt und warteten. Schließlich ging Barynja zielbewußt auf eine kräftige kleine Stute zu, blieb vor ihr stehen und begrüßte sie mit einem zarten Schnobern. Es sah aus, als führten die beiden leise ein Gespräch. Dann drehte sich Barynja um, und die Braune folgte ihr zum Gatter.

„Die nehmen wir mit", sagte Fürst Alexej. „Dank, Barynja, jetzt brauchen wir noch einen Ersatz für Ludmila."

Noch einmal wählte Barynja sorgsam und kam dieses Mal mit einem Schimmel zurück. Der Rittmeister wollte es kaum glauben. Es waren weder die schönsten noch die schnellsten Pferde aus seinem Besitz, aber beide waren kräftig, gesund, auffallend intelligent und von großer Zähigkeit. Sie waren wie kein anderes seiner Pferde für eine lange Reise geeignet.

Auch Wassilij hatte seinen Augen kaum trauen wollen. Diese Stute, die Barynja, schien wirklich etwas ganz Außergewöhnliches zu sein. Klüger als ein Mensch war sie jedenfalls, denn der hätte sich Pferde nach Schönheit und Wert ausgesucht, um bei allem noch ein gutes Geschäft zu machen. Mal abgesehen vom Fürsten – aber den hatte der Herrgott wohl nur aus Versehen auf zwei Beinen auf die Welt kommen lassen.

Die Reise ging weiter nach Südwesten. Sie ließen Prag hinter sich, wanderten auf Österreich zu und nach Italien hinein. Sie waren auf vielen Höfen zu Gast, und wann immer eines der Pferde nicht weiterkonnte, ließ der Fürst Barynja einen Ersatz für den Gefährten aussuchen.

Die jungen Männer, die den Fürsten begleiteten, staunten über die vielen seltsamen Dinge, die sie zu sehen bekamen. Prächtige Schlösser und Burgen; Berge, an deren Hängen Wein wuchs, und andere, die so hoch waren, daß auf den Gipfeln auch im Sommer Schnee lag. Sie wunderten sich über die fremden Sprachen und Gebräuche, über das laute, quirlige Leben auf den Straßen, die bunte Vielfalt, die sie auf Schritt und Tritt umgab, und den einen oder anderen überkam dabei schon einmal das Heimweh nach der Stille der Wälder und Seen Kareliens. Würde die Reise irgendwann einmal zum Ziele führen?

Doch Barynja zog unaufhaltsam weiter. Sie ritten durch Ligurien, kamen nach Frankreich. Sie Sonne brannte vom Himmel, das Meer lockte mit türkisgrünem, klarem Wasser, Palmen gab es, Orangenbäume, und Blumen, die die Russen nie zuvor gesehen hatten.

Sie machten Quartier auf großen Weingütern und Landvillen, ritten an leuchtend blau blühenden Lavendelfeldern vorbei. Tage später erreichten sie die Camargue. Sie gerieten in eine Herde der berühmten weißen Pferde, die Schimmel trabten ohne Eile davon. Auf den Weiden grasten schwarze Stiere, und in den flachen Sümpfen standen regungslos Flamingos mit rosenrotem Gefieder.

„Dies ist ein guter Platz, Herr!“ erklärte Wassilij aufgeregt. „Für die Pferde und für uns. Das Meer, die Sonne – und ein weites Land zum Galoppieren, wie zu Hause in Rußland!“

Fürst Alexej lächelte. „Barynja hat sich noch nicht entschieden.“

Am nächsten Morgen wußte Wassilij es besser. Von Mücken zerstochen klagte er, er habe die ganze Nacht kein Auge zugetan, wegen der Biester.

„Was willst du! Auch das ist wie zu Hause in Rußland", stellten die Kameraden lachend fest.

Früh am nächsten Morgen zogen sie weiter. Die Sonne brannte unbarmherzig auf sie nieder. Die Männer waren erschöpft und gereizt, sie schwiegen und verfluchten im stillen dieses Abenteuer, auf das sie sich eingelassen hatten.

„Ist es nicht so, daß Barynja eine arabische Mutter hatte, gnädiger Herr?" fragte Wassilij kleinlaut. „Am Ende will sie uns bis nach Afrika führen!"

Der Fürst schüttelte zögernd den Kopf. Doch insgeheim fragte er sich längst, wo das noch hinführen solle. Sie waren bald an der Grenze zu Spanien. Was, wenn Barynja wirklich zurück nach Arabien strebte, wenn eine geheime Sehnsucht im Blut sie in ferne Wüstenregionen trieb? An diese Möglichkeit hatte er bisher nicht gedacht.

Sie näherten sich den Pyrenäen. In den Bergen war die Hitze weniger drückend, und sie atmeten auf. Die Luft roch würzig nach dem Harz der Kiefern, und das Meer leuchtete in einem so klaren Blau zu ihnen hinauf, als hätte sich der Himmel auf die Erde herabgesenkt. Fischerdörfer duckten sich in versteckte Buchten, die Häuser leuchteten in schimmerndem Weiß, der Wind trug den Klang einer bimmelnden Kirchenglocke heran.

Sie ritten über die Grenze nach Katalonien hinein und nahmen Quartier in einer alten Mühle. Nachdem sie die Pferde versorgt hatten, gingen die jungen Männer zu Fuß ins Dorf, während der Fürst bei den Pferden die Nachtwache übernahm. Wie magisch angezogen folgten die jungen Russen den Klängen einer Gitarre, begleitet von monotonem Gesang und dem erregten Klappern der Kastagnetten. Auf dem Platz vor der Kirche drehten sich dunkeläugige Mädchen im Tanz, wirbelten mit ihren rüschenbesetzten Röcken und warfen unter halbgesenkten Wimpern den Fremden leidenschaftliche Blicke zu. Vergessen war die qualvolle Hitze der letzten Tage. So übel war die Reise eigentlich gar nicht!

Sie wären gern geblieben, doch Barynja trieb am nächsten Morgen die Gruppe unruhig weiter. Noch müde vom Wein, die Gitarrenklänge in den Ohren, dösend in den Sätteln sitzend, ritten sie hinter der unermüdlich vorwärtsdrängenden Stute her.

An diesem Tag ritten sie lange. Am späten Nachmittag erst lenkte der Fürst die widerstrebende Stute in ein Dorf hinunter, das einen kleinen Fischerhafen einschloß. Sie versorgten sich mit Proviant, hielten eine kurze Rast am Wasser im Schatten windzerzauster Platanen, bestaunt von der Dorfjugend. Bald aber wurde Barynja unruhig, der Fürst befahl aufzusitzen, und es ging wieder bergauf. Die jungen Männer folgten der unaufhaltsam aufwärtsstrebenden Stute und ihrem Reiter.

Sie kamen in einen Wald hinein und erreichten bald darauf eine Lichtung. Ein verfallenes, offenbar unbewohntes Bauernhaus gab es hier, einen Stall und eine kleine Scheune. Weit und breit war niemand zu sehen. Barynja hielt an. Sie reckte sich, zog dem Fürsten die ohnehin nur lose mit einer Hand gehaltenen Zügel aus der Hand und schnaubte kräftig. Dann begann sie zu grasen.

„Absitzen, Leute“, befahl der Fürst und sprach aus dem Sattel. „Ich denke, hier werden wir heute nacht bleiben. Da drüben ist ein Brunnen, da könnt ihr die Pferde tränken. Wassilij und ich werden uns umsehen.“

Fürst Alexej klopfte an die Tür des Bauernhauses, doch wie erwartet blieb alles still. Auch der Stall war unbewohnt, und in der Scheune gab es außer ein paar vertrockneten Strünken ausgedroschener Sonnenblumenstauden nichts, was darauf schließen ließ, daß hier jemand lebte.

Sie verließen die Scheune und gingen in südlicher Richtung durch den Wald. Nach wenigen hundert Metern traten sie auf ein kleines Plateau ins Freie. Meterhohe Felsspitzen ragten vor ihnen auf wie eine schützende Mauer, dahinter stürzte das Land in einem Gewirr von Gesteinsfalten, Spalten und Buckeln steil ins Meer ab. In Jahrhunderten glattgeschliffene Felsbrocken ragten wie kleine Inseln aus der türkisfarbenen Wasserfläche. Möwen kreisten kreischend über die Bucht, andere ruhten auf den Felsen in der Abendsonne. In der Ferne zogen Fischerboote ihre Bahn.

„Das ist das Schönste, das ich je gesehen habe“, stammelte Wassilij.

„Ja, das ist wahr“, murmelte Fürst Alexej. „Ein paradiesischer Ort.“

Sie hatten nicht bemerkt, daß sie bergab gegangen waren. Auf dem Weg zurück zu ihrem Lagerplatz mußten sie kräftig steigen. Die Pferdeburschen erwarteten sie bereits. Sie hatten die Tiere versorgt und ein einfaches Mal bereitet. In der Mitte des kleinen Hofes brannte ein Lagerfeuer, über dem ein Kessel mit Suppe hing.

Fürst Alexej und Wassilij ließen sich bei den jungen Männern nieder, und sie aßen gemeinsam.

„Was machen Sie hier?" Die Stimme der jungen Frau klang eher erstaunt als vorwurfsvoll. Auch war die Frage nicht in Spanisch, sondern in Englisch an sie gerichtet.

Fürst Alexej sprang auf und stellte sich der Fremden vor, einer jungen Frau mit blitzenden blauen Augen und dichtem rotblondem Haar. Sie trug eine Reitkleidung wie er, und ihr Pferd stand ruhig hinter ihr, ohne daß sie es am Zügel gehalten hätte. Der Fürst bat um Entschuldigung für sein Eindringen, er habe angenommen, dies sei ein verlassener Hof.

Nun stellte sich auch die junge Frau vor: Jennifer Lady Ormington aus der Grafschaft Sussex in England. Auch sie bat um Verzeihung für ihr Verhalten. Es sei richtig, daß dies Anwesen bis vor kurzem verlassen gewesen sei, doch dann habe sie das gesamte Land um den Hof herum gekauft, um sich hier einen Lebenstraum zu verwirklichen.

„Einen Lebenstraum?" Der Fürst lud Lady Jennifer mit einer höflichen Handbewegung ein, bei ihnen Platz zu nehmen, und reichte ihr ein Glas Wein. „Wenn es nicht zu indiskret ist, zu fragen."

Das feine Gesicht der jungen Frau rötete sich vor Eifer. „Ich bin eine leidenschaftliche Gärtnerin. Und ich möchte den gesamten Hügel in einen Park verwandeln. Mit Blumenrabatten, einem Rosengarten, einem Felsgarten mit tropischen Pflanzen, mit Bäumen und Sträuchern – und vielem anderen mehr!"

Sie fügte hinzu, daß der Fürst mit seiner Begleitung selbstverständlich auf ihrem Hof willkommen sei und bleiben könne, solange er wolle. Sie selbst wohne vorerst im Dorf unten, sie habe nach dem vollzogenen Kauf nur noch einmal hier heraufkommen wollen, um sich an ihrem neuen Besitz zu freuen.

„Ein Grund zum Feiern!“ Der Fürst versicherte, sie brauche sich wegen ihres Aufenthaltes hier keine Sorgen zu machen. Morgen, spätestens übermorgen würden sie weiterziehen.

Lady Jennifer aß und trank mit ihnen; sie sprach sogar ein paar Brocken Russisch und gestand, daß sie immer eine heimliche Liebe für dieses Land gehabt habe, aus dem ihre Großmutter stammte. Spät am Abend begleitete der Fürst sie zu ihrem Gasthaus im Dorf unten und verabschiedete sich.

Am nächsten Morgen weckte er seine Leute früh. Er wollte weiter. Eine Unruhe hatte ihn gepackt, vor der er glaubte fliehen zu müssen. In aller Eile wurden die Pferde versorgt. Wassilij braute Tee, sie nahmen ein schnelles Frühstück ein, packten zusammen und brachen auf.

Barynja lief etwa fünfhundert Meter, dann wandte sie sich nach Norden, lief weitere sechshundert Meter und schlug einen Weg nach Osten ein, der ins Dorf hinunterführte. Danach bog sie abermals ab und lief nach Süden, den Bergweg hinauf, den sie gestern genommen hatten. Sie waren im Kreis gelaufen. Der Fürst trieb sie ungeduldig weiter, doch auch diesmal lief die Stute nur im Kreis.

Als das Spiel sich zum drittenmal wiederholte, und sie wieder auf dem Berg landeten, auf dem sie übernachtet hatten, stieg der Fürst aus dem Sattel. Es war völlig klar: Dies war das Ziel, das Barynja angesteuert hatte! Doch sie kamen zu spät, Lady Jennifer war ihnen zuvorgekommen.

Der Fürst ließ absatteln und zog sich mit Wassilij zu einer Beratung zurück.

„Nun, gnädiger Herr", sagte der und sah seinen Herrn nicht an, um sich nicht zu verraten, „Barynja ist wahrhaftig ein kluges Tier. Dies ist ein Platz wie das Paradies. Die Kühle des Berges, der frische Wind, der vom Meer heraufweht, und ringsumher blühendes Land. Ihr habt ihr bis hierher vertraut, warum vertraut Ihr Eurer Stute nicht weiter? Wenn sie weiß, daß wir hierbleiben sollen, dann wird sie auch wissen wie."

Der Fürst schwieg nachdenklich.

„Machen wir morgen einen weiteren Versuch, vielleicht besinnt sie sich", sagte er schließlich.

Doch am nächsten Tag geschah genau das gleiche, und auch am dritten Tag ging die Stute nur im Kreis um den Berg herum. Also suchte der Fürst im Dorf ein Quartier für sich und seine Gruppe und beschloß abzuwarten. Den jungen Russen war es recht, hier gefiel es ihnen, und wer weiß – wenn man sich den Fürsten und die junge Lady so ansah ...

Lady Jennifer hatte mittlerweile mit der Arbeit an ihrem Garten begonnen. Sie hatte einen bekannten Gartenarchitekten aus England kommen lassen und sah sich nach Arbeitern um, die ihre Pläne in die Tat umsetzen konnten. Was bot sich da mehr an, als das Angebot der jungen Russen anzunehmen, die sich den ganzen Tag im Hafen aufhielten, nachdem sie die Pferde versorgt hatten!

Die einen verstanden es, das alte Bauernhaus in Stand zu setzen, die anderen, mit Spaten und Hacke umzugehen. Selbst der Fürst machte sich nützlich, wo er konnte; er fuhr mit zu den Händlern, suchte Stoffe, Tapeten und Möbel aus und half bei der Auswahl der Pflanzen.

Wenn die Arbeit getan war, ritten sie miteinander aus, streiften durch das umgebende Land und fühlten sich von Tag zu Tag wohler an diesem Platz, an dem das Schicksal in Gestalt einer Stute sie zusammengeführt hatte.

Ungeduldig wartete Wassilij darauf, das geschah, was geschehen mußte. Und eines Tages war es soweit. Der Fürst rief ihn spät am Abend zu sich.

„Ich will dich etwas fragen, Wassilij", begann er fast verlegen. „Wenn du eine neue Herrin bekämst und wir für den Rest unseres Lebens hierbleiben würden, was würdest du dazu sagen?"

„Aber gnädiger Herr, so war es doch ausgemacht!" antwortete Wassilij einfach. „So hat es Barynja beschlossen, und so soll es sein. Hier ist unsere neue Heimat."

„Lady Jennifer hat mir angeboten, den Besitz mit mir zu teilen. Sie findet, es sei Platz genug für ihren Park und meine Pferdeställe und Weiden", gestand der Fürst zögernd. „Ich denke, es ist ein interessantes Angebot."

„Ein großartiges Angebot, gnädiger Herr!" Wassilij lachte breit. „Das Beste. Nur ein Dummkopf würde es ausschlagen. Außerdem: was sollte die Lady ohne unsere Hilfe machen hier in der Fremde?"

Bald darauf ließ der Fürst für seine neue Gefährtin und sich auf dem Berg ein prächtiges Landhaus bauen, mit einem Brunnen im Innenhof und einem Turm, von dem aus man weit übers Meer sehen konnte. Und Lady Jennifer bepflanzte das Haus mit Bougainvillea und Glyzinien, mit Kletterrosen und Efeu, die bald bis zum Dach hinauf wuchsen. Für die Pferde wurde ein großer, heller Stall errichtet, mit bequemen Boxen, und rund um den Park wurden die struppigen Wiesen in große Weideflächen verwandelt.

Barynja hatte eine Freundin gefunden: Hazel, die Fuchsstute der Lady. Jeden Tag liefen die Stuten Schulter an Schulter über die Weide, und oft sah man sie, die Köpfe dicht beieinander, unter einem alten Olivenbaum stehen.

„Wer weiß", sagte dann Wassilij zu Jack, dem Pferdepfleger der Lady, „ob sie sich nicht erzählen, wie sie ihre Herren mit Klugheit und Ausdauer nach Spanien gebracht haben, um sie hier zusammenzuführen. Es sind eben ganz besondere Pferde. Sie wissen mehr als wir."

Aladdin, der Zauberer

„Was ist das! Eine Giraffe?"

Georg hatte recht. Das Wesen, das da mit unendlich langen Beinen in den Stall ging und den Kopf nach unten neigte, um sich nicht an der Stalltür zu stoßen, erinnerte wirklich irgendwie an eine Giraffe.

„Giraffen sind eigentlich eher selten schwarz, oder?" bemerkte Vera vorsichtig.

„Egal", erklärte Georg kategorisch. „Das ist Beckers Problem. Weiß der Teufel, wo er den Kerl aufgegabelt hat. Eins steht jedenfalls fest: Wir werden seinetwegen nicht unsere Türen höher machen." Damit stapfte er davon, ohne den Wallach noch eines Blickes zu würdigen.

Mona, die das langhalsige Pferd ausgeladen hatte und nun zu seiner Box führte, klopfte dem Rappen beruhigend den Hals. „Was die zu reden haben! Hör einfach nicht hin. Ich finde, du hast einen sehr guten Kopf. Und dieses wunderschöne Blauschwarz hat auch nicht jeder. Und dann deine Augen! Da sieht doch jeder sofort, daß du ein ganz kluger Kerl bist!"

Dem Rappen schien die Begrüßung zu gefallen. Lebhaft sah er sich um, schien jedem der kleinen und großen Mitbewohner in den Boxen rechts und links zuzunicken und studierte seine neue Umgebung genau. Seine Box inspizierte er lange und mit besonderer Aufmerksamkeit, erst dann wandte er sich dem Angebot an Heu und Kraftfutter zu.

Die drei jungen Frauen beobachteten ihn eine Weile.

„Was Becker wohl bewogen haben mag, ausgerechnet den Wallach zu kaufen!" murmelte Melanie. „Habt ihr gesehen? Der stolpert fast über seine eigenen Beine!"

„Bei der Länge ist das ja auch kein Wunder", stellte Mona fest. „Vielleicht hat unser kleiner Doktor ihn gekauft, um die bei ihm fehlenden Zentimeter auszugleichen. Außerdem ist es praktisch: bei Matschwetter werden die Reitstiefel nicht so schmutzig."

„Weiß einer von euch, was er früher gemacht hat?" fragte Vera. Sie schob die Hand durchs Gitter und kraulte dem Riesen, der verträumt seinen Hafer malmte, liebevoll die Stirn.

„Keine Ahnung. Galopper, vermute ich. Ausgemustert wegen Unfähigkeit. Jedenfalls soll er billig gewesen sein, ein ausgesprochener Gelegenheitskauf. Wie heißt er überhaupt?"

„Aladdin!" meldete sich hinter ihnen der Fahrer des Transporters zu Wort. „Genannt haben sie ihn allerdings immer den Zauberer." Er grinste. „Na gut. Ich mache mich wieder auf den Weg. Muß noch zwei im Föhrenhof drüben abliefern."

„In Ordnung. Und schönen Dank noch mal. Die Rechnung geht an Doktor Becker, wie abgemacht", rief Mona dem Mann nach. Dann wandte sie sich zu dem Rappwallach um. „Aladdin. Also, ich weiß nicht. Na, es wird schon seinen Grund haben."

Und ob es einen Grund hatte, wenn er sich auch nicht sofort enthüllte. Genauer gesagt, brauchten sie eine ganze Weile, um hinter das Geheimnis des großen Wallachs zu kommen.

Mona, Reitlehrerin und Trainerin des Vereins, und die beiden Lehrlinge Vera und Melanie hatten den Stall verlassen und sich im Aufenthaltsraum neben der Sattelkammer einen Kaffee gemacht, als es plötzlich dunkel im Raum wurde. Vor dem Fenster stand Aladdin und starrte fasziniert auf das eben von Vera geöffnete Kuchenpaket auf dem Tisch. Ebenso fasziniert starrten die jungen Frauen auf das riesige Pferd.

„Wer war das?" fragte Mona streng.

„Du!" beteuerten die beiden anderen wie aus einem Munde. „Du wolltest die Boxentür zumachen!"

„Eben. Ich habe sie geschlossen. Aber jetzt ist sie wohl offen."

„Kann doch jedem mal passieren", beruhigte Vera sie. „Nein, mein Lieber, dazu ist nicht einmal dein Hals lang genug!" wandte sie sich an den Wallach, der versuchte, das Kuchenpaket durchs Fenster zu sich heranzuziehen, und brachte etwas mehr Abstand zwischen Aladdin und den Kuchen, der seinen Appetit so anregte, indem sie das Paket ans andere Ende des Tisches schob. Dabei rutschte ein Stück Bienenstich vom Papptablett. Aladdin legte den Kopf schief, schob ihn durchs Fenster, reckte den Hals und angelte sich mit der Zunge geschickt das Stück Kuchen.

„Habt ihr das gesehen? Der fährt seinen Hals aus wie'ne Feuerwehrleiter!" rief Melanie fassungslos. „Ich bringe ihn besser zurück."

„Ausgerechnet der Bienenstich, den ich am liebsten mag!" sagte Vera. „Der einzige Kuchen, der wirklich gut ist."

„Eben drum. Blöd ist er nicht. Na, kommen Sie, Mister Aladdin, dies ist eine Damenrunde."

Eine Viertelstunde später stand Aladdin wieder vorm Fenster, dieses Mal in Begleitung der beiden Stuten aus den Nachbarboxen.

„Ich glaub, ich träume!" stammelte Melanie. „Moment mal, da spielt uns doch einer einen Streich!"

„Außer uns ist aber niemand auf dem Hof", widersprach Mona kauend. „Oder?"

„Wer tut denn so etwas! Pferde aus den Boxen lassen, ist doch total bescheuert!" Vera erhob sich seufzend, um die Ausreißer zurückzubringen. Als erstes griff sie Aladdin am Halfter.

Im Stall sah sie sich aufmerksam um und lauschte. Bewegte sich da jemand in der Futterkammer? Nein, das war nur Molly, die dicke Stallkatze, auf der Suche nach einer Maus, die sie hatte entwischen lassen. Sonst herrschte absolute Stille, die nur vom gelegentlichen Schnauben oder Prusten der Pferde unterbrochen wurde.

Vera beschloß, die nähere Umgebung nach dem Unbekannten abzusuchen, der ihnen diesen Streich gespielt hatte. Vielleicht einer der Nachbarjungen?

Sie entließ Aladdin mit einem freundschaftlichen Klaps auf das magere Hinterteil in seine Box, und holte die zwei Stuten. Danach machte sie sich auf die Suche. Die hintere Stalltür war nicht verriegelt. Also doch. Vera verließ den Stall und suchte die Umgebung nach einer verräterischen Spur ab.

„Fehlanzeige", meldete sie wenig später den beiden anderen. „Aber wie soll man in dem Durcheinander dahinten auch Fußspuren erkennen! Dabei bin ich sicher, daß es einer der Nachbarjungen war. Wer sollte sonst auf so eine Idee kommen."

„Solange sie nichts Schlimmeres anstellen! Nun trink deinen Kaffee!" Mona schob ihr den Becher hinüber. „Wir müssen eben darauf achten, daß die Hintertür immer fest verriegelt ist."

Damit schien die Angelegenheit erledigt. Aladdin und die Stuten befanden sich wieder in ihren Boxen, und was den Rappwallach betraf, der war inzwischen von seinem Umzug und den Aufregungen des Tages rechtschaffen müde und streckte sich wohlig in der frischen Einstreu aus. Der Tag endete ohne weitere Vorkommnisse.

Als Vera am nächsten Morgen mit einer der jungen Stuten nach dem Training ins Gelände ging und im Schritt am Waldrand entlangritt, hörte sie hinter sich einen Reiter herangaloppieren. Melanie! dachte Vera. Na, die hat das Programm mit ihren Berittpferden heute auch mal wieder auf das unbedingt Nötige beschränkt. Kaum ist Mona ein paar Stunden nicht da, machen die Lehrlinge, was sie wollen.

Die Galoppsprünge verkürzten sich zum Trab, gingen in Schritt über. Ein Schatten fiel Vera schräg von hinten über die Schulter. Irgendwo seitlich über ihr erschien ein großer schwarzer Kopf. Nun sah sich Vera um.

„Oh, du kommst allein!“ Vera starrte fassungslos auf den Rappwallach. „Aladdin! Und ungesattelt?“

Aladdin blickte sie vorwurfsvoll an, dann wandte er sich freundlich der Stute zu. Vera würdigte er keines Blickes mehr.

Was mochte da passiert sein? War er Melanie beim Putzen entwischt? Am besten, sie brachte ihn sofort zurück. Seufzend stieg Vera vom Pferd, zog ihren Gürtel aus und befestigte ihn so gut es ging an Aladdins Halfter.

Als sie wenig später zum Stall zurückkehrte, kam Melanie gerade mit einem der Berittpferde aus der Halle. Verdutzt sah sie auf den seltsamen Aufmarsch. „Was ist los? Warum hast du den Rappen als Handpferd mitgenommen?“

„Na, du bist gut! Nachgelaufen ist er uns! Wie ist er dir denn entkommen?“

„Mir entkommen? Er stand seelenruhig in seiner Box, als ich in die Halle ging.“

„Also hast du sie nicht richtig zugemacht.“

Melanie wehrte sich empört gegen eine solche Unterstellung. Eine Weile noch ging der Streit hin und her, dann brachte Vera den Rappwallach in seine Box zurück. Aladdin war es recht, er hatte jetzt Lust auf einen Happen Heu und ein kleines Schläfchen. Aber als die beiden Mädchen ihre Arbeit in der Halle unterbrachen, um sich im Aufenthaltsraum neben der Sattelkammer ein kräftiges zweites Frühstück zu gönnen, war Aladdin bereits da und suchte die Zuckerdose.

„Ich glaub es einfach nicht!“ Melanie stand wie angewurzelt in der Tür.

Aladdin nickte ihr freundlich, aber ein wenig zerstreut zu. „Bei seiner Größe! Er muß durch die Tür gekrochen sein! Und wie ist er aus der Box gekommen?“

Aladdin hatte die Zuckerpackung auf dem Regal entdeckt und hob sie mit den Zähnen auf den Tisch hinüber, um sie dort auszukippen. Niemand hinderte ihn daran, so verblüfft starrten die Mädchen auf den schwarzen Riesen.

„Weißt du, was ich glaube?“ sagte Vera schließlich. „Es ist wohl kein Zufall, daß sie ihn den Zauberer genannt haben. Macht sich unsichtbar, kommt und geht, wie er will, und kein Schloß ist vor ihm sicher! Ich fürchte, da haben wir ein kleines Problem bekommen!“

„Klein?“ Melanie lachte. „Ich bin nur gespannt, wie wir ihn hier wieder rauskriegen!“

Vera lachte auch. „Gar nicht. Wir nehmen unsere Sachen und frühstücken draußen. Mal sehen, was passiert.“

Vera hatte recht. Sie saßen keine drei Minuten auf der Bank vor dem Stall, als Aladdin neben ihnen auftauchte und nachdrücklich seinen Teil vom Imbiß forderte: einen Apfel, zwei Stück Knäckebrot und eine Scheibe Marmorkuchen. Letztere nahm er sich ungefragt.

Die nächsten Tage bewiesen, was sie bisher nur vermutet hatten: Aladdin war in der Lage, jede Tür zu öffnen. Und er befreite sich nicht nur aus seiner eigenen Box und öffnete danach die Stalltür, um ins Freie zu gelangen, er sorgte auch dafür, daß alle Stallgenossen an seiner Freiheit teilhaben konnten. Die ganze Herde im Schlepptau, erschien er auf dem Hof oder auf den Koppeln, trabte munter über den Reitplatz oder stand mit ihnen mitten im Gemüsegarten. So konnte es nicht weitergehen.

Was immer an ausbruchssicheren Schlössern je erfunden worden war, wurde nun an Aladdins Boxentür getestet. Georg versperrte dem Wallach den Weg ins Freie mit einer schweren Kette. Am nächsten Morgen lag die Kette am Boden und Aladdin genoß schon früh seinen Morgenspaziergang. Ein Zahlenschloß wurde angehängt. Tags darauf konnte keiner sich mehr an die Zahlenkombination erinnern, doch das war auch nicht nötig, denn das Schloß lag geknackt im Stroh. Aladdin aber graste ruhig im Garten unter der großen Kastanie. Schwere Holzbalken sicherten danach seine Boxentür, zu viert brauchten sie über eine Stunde, sie festzurammen. Aladdin genügten wenige Minuten, um sie zu beseitigen. Die Reitstallmannschaft war ratlos. Es ist überflüssig zu erwähnen, daß Nachforschungen ergaben, wie die Zauberkünste des Rappwallachs schließlich zu seinem Verkauf geführt hatten. Kein Stallbesitzer war auf die Dauer bereit gewesen, ihn länger als eine oder zwei Wochen zu behalten.

„Was machen wir nur mit ihm?“ fragte Melanie nach diesen Erkenntnissen entnervt. „Sollen wir ihn mit der Nummer an den Zirkus verkaufen?

Bedrücktes Schweigen war die Antwort. Sie hatten alles versucht. Kein Zweifel, Aladdin war ihnen überlegen. Seiner Geschicklichkeit und Schlauheit war offensichtlich niemand gewachsen. Und sie konnten ihm nicht einmal böse sein.

„Also, eins muß man ihm lassen“, sagte Vera schließlich in die Stille. „Richtig abgehauen ist er noch nie. Er will wohl hierbleiben!“

„Stimmt!“ sagte Mona. „Und auch die anderen bleiben immer bei ihm. Wie in einer richtigen Herde.“

Wieder entstand Schweigen. Schließlich hob Melanie den Kopf und sah die anderen unsicher an. „Ich weiß ja nicht, ob es komisch ist, was ich jetzt sage“, begann sie zögernd. „Aber wenn wir nun einfach alles offenstehen ließen?“

„Wie soll das gehen!“ widersprach Georg heftig. „Obwohl also, vielleicht, es käme auf einen Versuch an. Wäre ein echtes Experiment!“

„Versuchen können wir's doch mal!“ stimmte Mona lebhaft zu.

Schon am nächsten Tag wurde das Anwesen weiträumig von einem unauffälligen aber festen Zaun umgeben, wo es bisher zu den Nachbarn und zur Straße hin offen gewesen war. Der Inhalt von Medikamenten- und Putzschränken wurde ins Haus verlagert, alle Futtervorräte auf den Speicher geschafft. Das war zwar unbequem, aber so weit hinauf reichte nicht einmal Aladdins Hals. Dann wurden alle Boxentüren ausgehängt. Statt des Stalltors gab es jetzt eine Schwingtür.

Gespannt warteten sie darauf, was geschehen würde. Und es geschah – nichts. Aladdin stand zufrieden in seiner Box und rührte sich nicht von der Stelle. Die anderen folgten seinem Beispiel. Nach der Morgenfütterung machten sie gemeinsam einen kleinen Spaziergang über den Hof, doch da es zu regnen begann, kehrten sie bald in ihre Boxen zurück. Hier und da besuchten sie sich, tauschten ein paar Freundlichkeiten aus, indem sie sich die Kruppen benagten oder eng aneinandergeschmiegt eine kleine Siesta hielt. Das war alles. Und so blieb es.

Am dritten Tag berief Mona eine Versammlung aller Mitglieder des kleinen Reitvereins ein. Sie teilte den Reitern mit, daß man den Betrieb auf eine Methode der Offenstallhaltung umgestellt habe, die den neuesten wissenschaftlichen Erkenntnissen der Verhaltensforschung nach für eine optimale seelische und körperliche Gesundheit der Pferde nötig sei. Sie schien selbstsicher, und überlegen und sprach mit Überzeugung, doch innerlich zitterte sie. Würden ihre Kunden das akzeptieren? In der hintersten Reihe saßen Melanie und Mona und drückten die Daumen, so fest sie konnten. Georg stand vor der Tür und rauchte nervös eine Zigarette nach der anderen.

Doch der erwartete Protest blieb aus. Alle Reiter nickten und schienen überzeugt. Vielleicht deshalb, weil Aladdin so fröhlich und aufmerksam von draußen durchs Fenster schaute?

Cosmo und das Traumland

Ich wußte, diese Nacht würde ich nie vergessen. Die Bilder dieses Alptraums hatten sich so tief in mein Gedächtnis gegraben, daß ich sie für den Rest meines Lebens nicht würde auslöschen können. Für den Rest meines Lebens? An diesem Morgen, dem Morgen nach Cosmos Tod, glaubte ich nicht, daß es so etwas wie ein Leben noch geben könne, ein Leben, in dem man lachen, sich über etwas freuen konnte, das einen Sinn hatte.

Ich war aus der Tierklinik fortgelaufen, war gerannt, bis ich gezwungen war stillzustehen, um Atem zu schöpfen, war kreuz und quer durch Vorstadtstraßen und Feldwege gehetzt, als könne ich irgendwo der Verzweiflung entkommen, sie uneinholbar hinter mir zurücklassen. Doch wohin ich auch kam, um welche Ecke ich auch bog, sie war da, wartete auf mich mit den Bildern, den Tönen des Schreckens.

Erst ein paar Stunden war es her, lächerliche fünf Stunden. War das überhaupt möglich? Daß fünf Stunden genügten, um die ganze Welt auf den Kopf zu stellen? Nichts mehr würde sein wie früher.

Am Abend schien noch alles so gut. Wir waren erfolgreich gewesen auf dem Turnier in Eichenhöhe, Cosmo und ich, ein Sieg und zwei Plazierungen. Cosmo schien zufrieden, wie immer, wenn er eine Schleife bekam und beim Ehrengalopp die Reihe der Plazierten anführen durfte. Wir kehrten gegen sechs Uhr in den Stall zurück, und ich blieb bei ihm, bis er gefressen hatte und schläfrig wurde. Da streichelte ich ihn sanft, dankte ihm noch einmal, sagte ihm gute Nacht und fuhr nach Hause.

Um Mitternacht gab es ein schweres Gewitter. Eine halbe Stunde später riefen sie mich an: Cosmo habe eine bedrohliche Kolik. Der Tierarzt war bereits verständigt. Ich weiß nicht mehr, wie ich durch die Stadt und hinaus zum Reiterhof kam. Ich hörte nur Cosmos verzweifeltes Stöhnen, als ich die Stalltür öffnete und seine Box betrat. Ich sah das von Schweiß dunkle Fell meines Schimmels. Der Tierarzt war bereits bei ihm. Er hielt sich nicht mit der Begrüßung auf.

„Das Pferd muß sofort in die Klinik, ohne Operation ist da nichts mehr zu machen."

Es drang wie durch einen dichten Vorhang zu mir. Was ich vor allem wahrnahm, war das Entsetzen und die Angst in den Augen meines geliebten Pferdes, den vor Qual und Unruhe zitternden Leib, der sich unter den Schmerzwellen verkrampfte. Ich sah Cosmo um sich schlagen in wilder Panik. Der Arzt hatte ihm bereits eine Spritze gegeben, doch Cosmos Zustand schien sich nicht bessern zu wollen. Eine Darmverschlingung?

„Er hat sich beim Gewitter unheimlich aufgeregt“, fiepte die Spitzmaus. Spitzing heißt sie eigentlich, ist zierlich wie eine Dreizehnjährige, aber beherzter und geschickter mit den Pferden als jeder männliche Stallpfleger. „So kenne ich ihn gar nicht. Er hat sonst immer die besten Nerven von allen.“

„Irgend etwas ist nicht in Ordnung mit ihm“, gestand ich kleinlaut. „Das ist die dritte Kolik in zwei Monaten. Sein Leben lang hatte er keine!“

Es blieb keine Zeit für lange Überlegungen. Cosmo wurde in Decken gewickelt und mit vereinten Kräften verladen. Ich fuhr hinter dem Transporter her, wie gelähmt vor Angst und Verzweiflung, meinen besten Freund so leiden zu wissen. Dabei dachte ich unausgesetzt: Sie werden ihn retten. Sie werden ihm helfen. Sie werden alles tun, um ihn von diesen Qualen zu befreien. Es wird alles gut.

In der Klinik brachten sie ihn in die Kolikbox. Cosmo tobte und versuchte sich hinzulegen, obwohl er sich zwischen den engen Wänden nicht einmal umdrehen konnte. Ich blieb bei ihm, streichelte ihn und versuchte, ihn zu beruhigen, während sie ihm weitere Schmerzspritzen gaben, die Schlundsonde ansetzten und ihm eine Kochsalzlösung in den Magen füllten. Cosmo raste vor Schmerz, er erkannte mich nicht mehr, biß und schlug auch nach mir und versuchte alles, um der Folter der Schmerzen zu entkommen.

Warum dauerte das alles so entsetzlich lange? Warum

halfen die Spritzen nicht, dämpften die Qualen wenigstens etwas? Warum operierten sie nicht endlich, wenn doch alles andere nicht half?

„Narkose, wir operieren."

Der Satz kam wie eine Erlösung. Keinen Augenblick länger hätte ich es aushalten können, meinen Freund so leiden zu sehen. Und seltsam – auch auf Cosmo schien etwas von meiner Erleichterung überzugehen. So dachte ich damals, als er sich widerstandslos aus der Box führen ließ. Heute weiß ich es besser.

Cosmo, mein Freund und Gefährte elf glückliche Jahre hindurch, blieb vor dem Operationssaal ruhig stehen, drehte mir den Kopf zu und sah mich lange an. Fast lag etwas wie Ruhe in seinem Blick. So als wolle er sagen: Mach dir keine Sorgen. Ich verlasse dich nicht. Wir zwei, wir gehören zusammen.

Sie schickten mich hinaus. Ich protestierte nur schwach, denn ich ahnte, daß ich den Anblick nicht ertragen hätte, ihn dort aufgeschnitten liegen zu sehen. Auch so schoben sich die Schreckensbilder dessen, was dort drinnen nun geschah, ständig in mein Bewußtsein. Ich stand im Warteraum am Fenster, Daumen und Finger in die Handflächen gekrallt, starrte in den dunklen Hof hinaus, auf die im Wind schwankenden Lampen, die vom Regen naß glänzenden Dächer der Nebengebäude, den trostlosen Anblick der Pfützen in dem rissigen Asphalt. Ich weiß nicht, ob ich betete. In mir war nur ein Gedanke: Cosmo wird gesund, morgen ist alles nur noch ein böser Traum.

Drei Stunden operierten sie schon. Ich fror vor Müdigkeit und Erschöpfung, und doch war da ein Hauch von

4 10302-6

Hoffnung. Wenn sie so lange operierten, dann konnte nicht alles vergebens sein, dann war es zwar ernst, aber Cosmo konnte geholfen werden. Ich sollte mich getäuscht haben.

Gegen fünf Uhr trat der Chefarzt neben mich. Er sah grau aus vor Erschöpfung, ich hätte ihn in dem Augenblick umarmen mögen dafür, daß er sich so für mein Pferd einsetzte. Er zündete sich umständlich eine Zigarette an und sog heftig daran. Seine Lippen zitterten leicht, während er mit einem Seufzer den Rauch ausstieß. Da wußte ich es. Ganz plötzlich wußte ich alles.

„Es ist natürlich Ihre Entscheidung“, sagte er zögernd. „Aber es wäre eine Gnade für das Pferd, wenn wir ihn jetzt töteten. Jetzt, während er noch in Narkose liegt.“

„Töten?“ flüsterte ich. Meine Stimme versagte.

„Eine riesige Geschwulst hat sechs Meter Darm abgedrückt. Es wird weitere Geschwülste geben. Er wird immer häufiger schwere Koliken bekommen. Überlegen Sie es sich gut. Aber wenn Sie meine Meinung hören wollen, es wäre unmenschlich, ihn weiter diesen Qualen auszusetzen.“

Ich schluchzte auf. Nein! wollte ich schreien. Nein, sagen Sie, daß es nicht wahr ist! Daß er gesund wird! Ich verbarg das Gesicht in den Händen und krümmte mich zusammen, als hätte er mich geschlagen.

Er ließ mir Zeit.

„Erlösen Sie ihn“, brachte ich schließlich heraus. „Ich will nicht, daß er leidet.“

„Gut“, sagte er leise. „Ich weiß, wie Ihnen zumute ist, aber es ist eine gute Entscheidung.“

Als sich die Tür zum Operationssaal hinter ihm schloß, rannte ich davon.

Die nächsten Wochen verbrachte ich wie in einem nicht enden wollenden Alptraum. Ich ging ins Büro wie immer, stürzte mich in die Arbeit, machte Überstunden, und lief anschließend ziellos durch die Straßen. In meiner Freizeit hockte ich im Kino, ohne hinterher etwas vom Inhalt des Films zu wissen, nicht einmal an den Titel konnte ich mich erinnern. Ich versuchte zu lesen, mein Blick erfaßte Zeile für Zeile, aber wovon der Text handelte, davon wußte ich später nichts. Ich war unfähig, in den Reitstall zu fahren und hatte alles, was mich irgendwie an Cosmo erinnern konnte, Fotos, Urkunden, Schleifen und Trophäen ins oberste Fach meines Schranks geschoben oder auf den Speicher verbannt. Doch es half nichts, die grauenvollen Bilder der Nacht in der Tierklinik waren immer da, sie verfolgten mich auf Schritt und Tritt. Und wenn meine Aufmerksamkeit für Minuten auf etwas anderes gerichtet war, stieg kurz darauf die Erinnerung an meinen verzweifelten, von rasendem Schmerz gefolterten Freund nur um so deutlicher in mir auf.

Dann gab es die Stunden, in denen unsere glücklichen Jahre an mir vorbeizogen. Die vielen Augenblicke stiller Freude, wenn wir ins Gelände gingen, zwischen blühenden Wiesen oder auf schattigen Waldwegen dahintrabten. Ich dachte an Cosmos Zärtlichkeit, seine Verspieltheit, unsere geheime Zwiesprache, wenn ich ihn putzte und versorgte. Und daran, wie zuverlässig er auf Turnieren mitarbeitete, wie er auf jede leiseste Hilfe reagierte. Solche Stunden der Erinnerung mündeten regelmäßig in einer endlosen Tränenflut. Cosmo fehlte mir so sehr. Mir war zumute, als hätte man mich in zwei Hälften geteilt und mir die eine genommen.

Nur eins war seltsam: Im Schlaf, wenn ich träumte, erschien mir Cosmo immer wieder. Und immer waren wir auf einer saftigen grünen Wiese zusammen, spielten und alberten herum, ich schmuste mit ihm, saß ohne Sattel auf seinem Rücken, helles Sonnenlicht umgab uns, ich lachte und war glücklich.

Wenn ich dann erwachte, schien mir die Welt um mich her nur um so trostloser. Ich hatte keinen Lebensmut mehr, und wenn ich auf etwas hoffte, dann nur auf diese Träume, in denen mein Pferd und ich beieinander waren.

Ich vernachlässigte meine Familie und meine Freunde. Am Anfang hatten sie Verständnis und nahmen es mir nicht übel, wenn ich manchmal recht ruppig erklärte, ich wolle allein sein und niemanden sehen.

Doch irgendwann verlor mein Vater die Geduld. „So kann es nicht weitergehn, Tess, du siehst aus wie ein lebender Leichnam, nimmst nicht mehr wahr, daß es außer dir auch noch andere Menschen auf der Welt gibt, die vielleicht deine Zuwendung brauchen oder sich deinetwegen sorgen. Du kannst dich nicht ewig so gehenlassen!"

„Laß Theresa in Ruhe", widersprach meine Mutter. „So eine Wunde braucht Zeit, um zu heilen. Viel Zeit."

„Danke, Mum", sagte ich müde. Dann wandte ich mich an meinen Vater. „Hör zu, Daddy, ich mache meine Arbeit ordentlich, ich renne nicht ungepflegt herum und heule euch nichts vor. Ich verlange keine Sonderbehandlung und auch keine unzumutbare Rücksichtnahme. Alles, um was ich euch bitte, ist, daß ihr mich in Ruhe laßt. Oder willst du, daß ich euch jeden Tag Theater vorspiele? Ich bin so leer vor Trauer, daß mir alles sinnlos vorkommt, ich kann es nicht ändern!"

„Doch, du kannst!" widersprach er energisch. „Tu endlich etwas, auch wenn du dich dazu zwingen mußt. Tu etwas, um aus diesem Loch von Trauer und Depression herauszukommen!"

Er tat mir leid. Ich spürte, daß es nur seine Sorge um mich war, die ihn so heftig reagieren ließ. „Ich werd mir Mühe geben", sagte ich resigniert und verließ das Zimmer.

In der nächsten Zeit riefen mich immer häufiger Freunde an. Ich ahnte, daß meine Eltern dahintersteckten. Sie überredeten mich, wieder zu reiten. „Geh wieder in den Stall, steck nicht den Kopf in den Sand! Was geschehen ist, ist vorbei, das Leben geht weiter, und es gibt andere Pferde, die darauf warten, daß du ihnen Zuwendung und Fürsorge schenkst!"

Ich nahm es ihnen nicht übel, natürlich hatten sie recht. Doch es änderte nichts an meiner Haltung.

Es war Frühling geworden. Ein Dreivierteljahr lag Cosmos Tod nun zurück. Der Schmerz um seinen Verlust war leiser geworden, aber noch immer lag die Trauer wie ein dunkler Schleier über meinem Leben. Nur eins hatte sich verändert: meine Träume. Immer noch erlebte ich diese wundervolle Wiese, das klare Licht, und hinter dem Dunst aufsteigender, sehr weißer Nebel die Umrisse ferner Berge. Doch Cosmo schien verschwunden. Ich spürte seine

Nähe, doch ich sah ihn nicht mehr. Ich rief ihn, doch vergebens. Versteckte er sich? Wo war er?

Ich lief in diese Landschaft hinein, die aus weiten grünen Matten bestand, aus klaren Seen und blauen Hügeln. Doch Cosmo war nirgends zu finden.

Diese Träume beschäftigten mich auch am Tag. Sie gaben mir eine Spur von Hoffnung und Freude, und ein Gefühl, als müsse bald etwas Außerordentliches in meinem Leben geschehen.

Die Mittagspause der Bank, in der ich arbeitete, nutzte ich öfter für ein paar Einkäufe. Anschließend gönnte ich mir ein Brötchen und einen Espresso in einer kleinen italienischen Bar in der Nähe meines Büros. Dort war ich ungestört, selten verirrte sich einer der Kollegen hier herein, ich konnte an einem der Stehtische vor mich hin träumen oder das Leben draußen auf der Straße beobachten.

„Hallo, darf ich?"

„Bitte", antwortete ich spröde, rückte mit meinem Teller zur Seite und würdigte den jungen Mann keines Blickes.

„Wie geht es Ihnen?"

Die Stimme kam mir bekannt vor. Ein Kunde der Bank? Ein Freund von Freunden, den ich mal auf einer Party getroffen hatte – in meinem so fernen früheren Leben? Ich igelte mich erst mal ein, unwillig, mich in meiner Ruhe stören zu lassen.

„Sie wissen nicht mehr, wer ich bin. Oder Sie wollen es nicht mehr wissen. Das kann ich verstehen." Die Stimme klang mitfühlend. „Ich würde es in so einer Situation vermutlich genauso halten. Man verdrängt die schlimmen Erinnerungen."

Jetzt schaute ich doch auf. Es war der Assistenzarzt, der an Cosmos Behandlung und der Operation beteiligt gewesen war. Er war vermutlich nur wenig älter als ich, doch seine Ruhe und Behutsamkeit waren mir aufgefallen – soweit ich überhaupt etwas hatte wahrnehmen können in diesen qualvollen Stunden.

„Entschuldigen Sie", stammelte ich. „Ich wollte nicht unhöflich sein, ich war so in Gedanken."

„Schon gut." Er nickte. Dann sah er mich prüfend an. „Wie geht es Ihnen? Sie werden es vielleicht seltsam finden, wenn ausgerechnet ich das sage. Aber ich habe damals mit Ihnen gelitten wie ein Hund. Wir hätten sofort operieren sollen. Aber das hatte nicht ich zu entscheiden."

„Und? Hätte es etwas geändert?"

„An seinem Tod? Nein. Es hätte nur die Qualen verkürzt."

Ich nickte stumm. Ich spürte, wie mit der Erinnerung auch die Verzweiflung zurückkehrte. Tränen rollten mir über die Wangen, und ich wischte sie hastig ab.

„Gehen wir ein Stück?" Er wartete meine Antwort nicht ab und schob mich wie schützend zur Tür. Ich reichte ihm knapp bis zur Schulter.

Eine Weile gingen wir schweigend die Straße entlang. Sie mündete in einen Platz, in dessen Mitte es eine kleine Grünanlage gab. Unter einer der Platanen war eine Bank frei.

„Übrigens, ich heiße Daniel Schweiger. Genannt Dan", sagte er beiläufig und fast etwas verlegen ob dieser Formalität.

„Theresa Winkler, genannt Tess." Ich lächelte. „Ich arbeite in der Bank da drüben und müßte in fünf Minuten wieder an meinem Schreibtisch sitzen. Aber ich habe gerade beschlossen, eine Viertelstunde zu spät zu kommen. Das hab ich noch nie gemacht, man wird es mir verzeihen. Ich möchte Sie auch etwas fragen, Dan. Wie hält man so etwas aus?"

Er verstand sofort, was ich meinte. „Sehr schwer. Eigentlich gar nicht. Das ist auch mein Problem. Als das damals mit Cosimo passierte, so hieß er doch?"

„Cosimo, ja so stand's in seinen Papieren. Genannt habe ich ihn Cosmo."

„Nach der Nacht, nach dieser stundenlangen schweren Operation, die dann doch vergeblich war, da hätte ich am liebsten alles hingeschmissen."

„Und dann?" Ich sah ihn an.

Er hob die Schultern. „Ich weiß nicht. Ich bin auf der Suche. Auf der Suche nach dem richtigen Weg für mich, Tieren helfen zu können, ohne an solchen Situationen kaputtzugehen. Verstehst du das?"

Ich nickte. Ich akzeptierte schweigend das Du. Wir waren aus dem gleichen Holz geschnitzt.

In dieser Nacht war ich nach längerer Pause wieder auf meiner blühenden Wiese mit den lichtweißen Nebelsäulen. Plötzlich hörte ich ein Wiehern. Ich sah mich suchend um und entdeckte schließlich hinter einer dieser seltsamen Säulen ein Fohlen. Ein brandrotes Fohlen mit einer dichten struppigen Mähne und großen dunklen Augen. Es waren Cosmos Augen! Sie sprühten vor Lebenslust. Das Fohlen kam übermütig auf mich zugesprungen; es begrüßte mich stürmisch, rieb seinen Kopf an mir und blies mir schnaubend ins Gesicht, wie Cosmo es oft getan hatte.

Hinter den Nebelschleiern in weiter Ferne erkannte ich jetzt eine Herde. Eine Stute hob witternd den Kopf und wieherte zu uns herüber. Das Fohlen umkreiste mich ausgelassen, dann kehrte es in fröhlichen kleinen Galoppsprüngen zu seiner Mutter zurück. Während es sich an sie drängte, drehte es mir den Kopf zu und blickte mich an.

Ich erwachte. Draußen dämmerte der Morgen. Eine Amsel begrüßte das erste Licht mit einem fragenden Ruf. Andere antworteten, plötzlich war die Luft voller Vogelstimmen. Ich erinnerte mich an meinen Traum, ganz deutlich stand das rote Fohlen vor meinen Augen. Zum erstenmal seit Cosmos Tod durchströmte mich ein Gefühl von Lebensfreude, Kraft und Neugierde auf das, was der Tag, was die Zukunft mir bringen würde.

Daniel rief mich abends an, und wir verabredeten uns in einem kleinen Straßencafé. Ich erzählte ihm von meinen Träumen in den letzten Monaten – und von diesem neuen Traum heute nacht.

Er warf mir einen schnellen Blick zu, dann schaute er weg. Fast beiläufig sagte er: „Vielleicht ist Cosmo gerade wiedergeboren worden.“

„An so etwas glaubst du? Unsinn. Außerdem schienen es Ponys zu sein, wenn ich es mir jetzt so überlege. Ein kleines Ponyfohlen.“

„Na und?“

Ich lachte. „Wenn es wirklich so etwas gäbe, wenn Cosmo tatsächlich zu mir zurückkommen würde, dann käme er als begabtes Dressurpferd. Wir haben es beide geliebt, auf Turniere zu gehen."

„Wer sagt, daß er zu dir zurückkommen will? Vielleicht wollte er dich nur wissen lassen, daß es ihm gutgeht."

Ich schüttelte heftig den Kopf. „Cosmo weiß doch, wie sehr ich mich nach ihm sehne. Wie ich auf ihn warte!"

„Also gibst du zu, daß du seine Wiederkehr für wahrscheinlich hältst", sagte Dan lächelnd.

„Ja, nein! Ach, ich weiß nicht. Wenn man Sehnsucht nach jemandem hat, spinnt man sich alles mögliche zusammen. Es ist so ein tröstlicher Gedanke, auch über den Tod hinaus miteinander verbunden zu sein."

Wir sprachen nicht weiter darüber. Aber ich wartete fast ungeduldig auf die Nacht und darauf, ob ich das struppige rote Fohlen wiedersehen würde.

Ich mußte lange warten, ehe der Traum wiederkehrte. Monatelang. Inzwischen hatte sich in meinem Leben einiges verändert. Ich war befördert worden, und meine neue Tätigkeit nahm mich voll in Anspruch. Daniel und ich sahen uns so oft wie möglich, aber auch er war beruflich oft bis zur Erschöpfung eingespannt.

Immer häufiger hatten mir meine ehemaligen Reiterfreunde den Kauf eines neuen Pferdes nahegelegt, hatten mich auf besonders günstige Gelegenheiten aufmerksam gemacht oder mit Pferden konfrontiert, von denen sie glaubten, ich müsse mich auf der Stelle in sie verlieben. Doch es war seltsam: Keines dieser Tiere, so hübsch, liebenswert und begabt sie auch sein mochten, löste in mir den Wunsch aus, es zu besitzen.

„Laßt mir Zeit“, entschuldigte ich mich dann. „Es ist einfach noch nicht so weit. Eines Tages ist sicher das richtige da, ich spüre es.“

Daniel hatte nicht viel für die Turnierreiterei übrig, daraus machte er keinen Hehl. Er stammte zwar von einem Bauernhof und hatte als Junge oft auf dem Rücken eines Pferdes gesessen, aber nur, um mit ihm durchs Gelände zu streifen und seinen Spaß mit ihm zu haben. Seither packte ihn zwar öfter die Lust, wieder in den Sattel zu steigen, aber über das Freizeitreiten im Gelände ging auch jetzt sein Interesse nicht hinaus, während ich mir ein Leben mit Pferden ohne Turniere einfach nicht vorstellen konnte. Das intensive Training, die Freude an jedem neuen Lernschritt, den man gemeinsam bewältigt hatte, das Lampenfieber, wenn man in den frühen Morgenstunden aufbrach, das quirlige Leben am Turnierort, auf den Abreiteplätzen, im Imbißzelt und auf den Stellplätzen zwischen Transportern und Geländewagen, diese Feldlager-Atmosphäre, die mich jedesmal ganz high machte, mochte ich nicht missen. Und dann der Augenblick völliger Konzentration, wenn die Glocke einen ins Dressurrechteck rief, vor die Augen der Richter und des Publikums! Dieses Gefühl der Übereinstimmung bei jeder Aufgabe, das gemeinsame Erschrecken, wenn etwas danebenging, nur weitermachen, die nächste Aufgabe desto besser! Der Applaus für eine geglückte Vorführung. Unvergeßliche Erlebnisse waren das gewesen! Wenn ich Daniel davon vorschwärmte, lächelte er nachsichtig, beeindrucken konnte ihn meine Begeisterung nicht.

Es war Winter, als ich wieder von dem roten Fohlen träumte. Ich hatte gar nicht mehr damit gerechnet. Zu meiner Verblüffung waren auch meine Traumwiesen schneebedeckt. Doch die Sonne schien, und ein leuchtendblauer Himmel wölbte sich über der mir nun vertrauten Landschaft. Auch die weißen Nebelsäulen waren wieder da, und dahinter in der Ferne die Herde. Ich versuchte, meinen kleinen roten Freund zu erkennen, aber keines der Pferde sah zu mir herüber. Da spürte ich plötzlich, daß das Fohlen hinter mir stand. Ich drehte mich um, und es schüttelte fröhlich den Kopf, als lache es über einen gelungenen Streich. Doch die größte Überraschung war für mich die Veränderung meines Fohlens. Es war gewachsen! Es sah so aus, wie es in der Realität als einjähriges Jungpferd ausgesehen hätte.

Aufgeregt erzählte ich Daniel am nächsten Tag davon.

Er schwieg nachdenklich.

„Und?“ drängte ich. „Was sagst zu dazu?“

„Sieht so aus, als warte er tatsächlich auf dich.“

„Ja, aber“, ich zuckte ratlos mit den Achseln, „was soll ich mit einem Pony?“

Dan lachte. „Es muß ja nicht stimmen. Vielleicht ist der Traum eher so etwas wie ein Symbol. Wahrträume gibt es sehr selten. Mach dir keine Gedanken. Wenn Cosmo dich wirklich sucht, wird er dich auch finden.“

Wieder waren Monate vergangen. Der Winter hatte mir zugesetzt, ich war überarbeitet und von einer langwierigen Grippe erschöpft. Inzwischen war es Mai geworden. Daniel ging es nicht besser als mir, und unsere Gespräche kreisten immer öfter um einen Sommerurlaub an griechischen Küsten. Kein Wunder, daß mich die Schaufenster von Reisebüros mit ihren Plakaten von sonnenüberglänzten Traumstränden magisch anzogen.

In dieser Nacht hatte ich seit langer Zeit zum ersten Mal wieder von meinem roten Fohlen geträumt. Es war weiter gewachsen und tollte mit anderen Junghengsten über die nun wieder blühende Wiese. Weiß hoben sich die seltsamen Nebelsäulen gegen den blauen Himmel ab. Der Traum war nur kurz, aber er erfüllte mich mit einem unsagbaren Glücksgefühl.

Daniel hatte mich in der Mittagspause abgeholt, er hatte seinen freien Tag und lud mich in ein neu eröffnetes kleines Bistro in der Nähe ein. Die Sonne schien, und wir gingen Hand in Hand die Straße hinunter. Plötzlich blieb ich wie angewurzelt stehen. „Dan, schau doch!“ Das Plakat, im Schaufenster dort! Es ist meine Landschaft! Die Landschaft aus meinem Traum! Sogar eine weiße Säule ist da!“ Ich trat näher.

„Geysire“, stellte Daniel fest. „Das ist Island.“

„Islandpferde!“ Schlagartig wurde mir alles klar. „Cosmo lebt in Island, Dan, dort wartet er auf mich! Los, komm!“ Ich steuerte auf die Tür zu.

„Du bist verrückt“, murmelte Daniel und stapfte ein wenig ratlos hinter mir her.

„Guten Tag, wir wollen nach Island“, überfiel ich die junge Frau hinter dem Tresen, ehe sie überhaupt den Mund aufmachen konnte.

„Tess! Tessa, jetzt laß uns doch erst einmal in Ruhe überlegen. Und überhaupt wollten wir doch nach Griechenland!“ wagte Daniel einen schüchternen Versuch zu widersprechen.

Ich hörte nicht auf ihn. Ich ließ mir alles geben, was an Material über Island zu finden war, und versprach, am nächsten Tag wiederzukommen.

Nicht nur Daniel versuchte, mir die verrückte Idee mit Island auszureden. Außer ihm kannte allerdings niemand den wahren Grund meines Vorhabens. Du, ausgerechnet nach Island? Wo du schon hier dauernd frierst und es dir nicht warm genug sein kann? Du bist doch immer nur in den Süden gefahren? Island! Da wirst du todunglücklich sein! So bekam ich es von allen Seiten zu hören.

Ich ließ mich nicht beirren. Ich verschaffte mir Reisebeschreibungen, las isländische Autoren und natürlich alles, was es über isländische Pferde zu wissen gab. Daniel hatte sich meinen Wünschen bald gebeugt. Ich glaube, er war selbst neugierig zu erfahren, ob hinter meinen Träumen etwas steckte.

Vor unserer Abreise gab es in der Bank besonders viel zu tun, da jetzt mehrere Kollegen Urlaub machten. Die Nacht vor unserem Abflug hatte ich kaum geschlafen, der Koffer mußte gepackt, alles mögliche schnell noch geordnet werden. Es war drei Uhr, als ich ins Bett kroch. Um fünf mußte ich wieder aufstehen. So trat ich die Reise in einer trance-ähnlichen Müdigkeit an. Im Flugzeug fiel ich sofort in einen unruhigen Schlaf. Gedankenfetzen wirbelten mir durch den Kopf, ein seltsames Gemisch aus dem, was ich in den letzten Wochen gelesen hatte. Isländer, unglaublich widerstandsfähige Robustpferde, schon für die Wikinger unentbehrlich, um über Land zu kommen. Zwischen Lavafeldern und Gletschern leben sie. Die Wikinger haben sie mitgebracht, auf ihren Booten. Und später nahmen die Kelten die stämmigen kleinen Pferde mit. Das muß man sich vorstellen: in ihren Booten! Und wenn dann ein Sturm kam ... nicht auszudenken. Aber die meisten mußten es doch geschafft haben, sonst gäbe es heute nicht so viele der robusten Pferde. Schlimme Kälteperioden überlebten sie und Vulkanausbrüche. Auch heute noch gehören sie zu den gesündesten und langlebigsten Pferden. Und der Tölt! Es soll schwer sein, den Tölt richtig auszusitzen. Ob ich das kann? Über vierzig Stundenkilometer schaffen diese zähen Pferde!

Ich war fest eingeschlafen, denn als Daniel mich sanft anstieß, brauchte ich lange, bis ich wieder wußte, wo ich mich befand.

„Anschnallen, Tessa, wir setzen zur Landung an!“ Er lächelte. „Reykjavik.“

Ich spürte seine Aufregung. Die Aufregung eines Jungen vor dem ersten großen Abenteuer.

Jetzt wurde auch ich von ihr erfaßt. Eine Spur von Angst mischte sich in das Gefühl freudiger Erwartung. Auf was hatte ich mich da eingelassen? Auf dieser wildfremden Insel in ein Auto zu steigen und kreuz und quer zu fahren, in der Hoffnung, einem geträumten Pferd zu begegnen! Ich war froh, daß Daniel bei mir war. „Glaubst du, daß wir ihn finden?“ fragte ich kleinlaut.

„Wenn nicht, wird's ein interessanter Urlaub gewesen sein. Und wir werden uns vermutlich besser erholen, als auf einer griechischen Insel in der Sonne zu rösten“, stellte Daniel fest.

Die Maschine rollte aus. Wir waren angekommen. Vor

dem Flughafen wartete der vorbestellte Geländewagen. Mit Karten und Reiseführern ausgerüstet machten wir uns auf den Weg.

Einen Tag Reykjavik hatte ich Daniel versprechen müssen. Zum Eingewöhnen. Lieber wäre ich natürlich sofort losgefahren. Aber ich mußte zugeben, daß ich für unser Abenteuer noch zu erschöpft war. In dem behaglichen kleinen Gästehaus mitten in der Altstadt, in dem wir Quartier machten, überraschte uns nicht nur die herzliche Gastfreundschaft, sondern auch, daß die Besitzer deutsch sprachen und wir so für unsere Weiterreise noch mit einer Menge guter Tips versorgt wurden. Wir erfuhren, wo man Adressen von Pferdezüchtern bekam und auf welchen Bauernhöfen es Reitmöglichkeiten gab. Später wanderten wir in der nördlichsten Hauptstadt der Welt durch dörfliche Straßen mit bunten Holzhäusern, die kleiner wirkten als die gewaltigen Geländewagen davor, mit Boutiquen, Kneipen und Cafés. Wir gingen Hand in Hand durch die Fußgängerzone Austurstraeti und atmeten gierig die ungewohnt frische Luft ein. Erdwärme macht keinen Smog, erklärte mir Daniel, und man riecht hier die Arktis. In einem der gemütlichen kleinen Häuser am Hafen kehrten wir in ein Restaurant ein, in dem man uns zur Lektüre der Speisekarte zunächst ins Wohnzimmer auf die Couch komplimentierte. Wir aßen frischen Fisch und Schneehuhnbrust, tranken Wein, hörten auf die seltsame, archaisch anmutende Sprache an den Nebentischen, und fühlten uns wie aus unserem Leben hinauskatapultiert auf einen fremden, geheimnisvollen Planeten. Wie betrunken vor Müdigkeit, kehrten wir früh in unser behagliches kleines Gästehaus zurück.

In der Nacht träumte ich eine Menge wirres Zeug, an das ich mich beim Aufwachen nicht mehr erinnern konnte. Nur ein Bild hatte sich mir deutlich eingeprägt: Der rote Junghengst, der sehnsüchtig wiehernd auf der Kuppe eines Hügels stand und unruhig mit den Hufen scharrte.

Wir brachen früh auf und folgten der Ringstraße nach Südosten. Das Rattern der Schafgitter begleitete unsere Fahrt, riesige Schafherden, von Reitern bewacht, grasten unterhalb von grünen Hügeln und seltsam geformtem Basaltgestein. Wir stiegen aus, um über den pechschwarzen Strand zu laufen, der sich unter überhängenden Klippen dahinzog. Weiß schäumend donnerte die Brandung heran. Frierend und windzerzaust fuhren wir weiter, durch schwarze Aschewüsten, über denen weiße Eispanzer glänzten. Wir entdeckten zwischen bemoosten Felsen eisgraue Gletscherflüsse. Horchten auf die schrillen Schreie der Seevögel, die uns die Einsamkeit und regungslose Stille um uns her nur noch stärker ins Bewußtsein prägten. Ich fühlte mich wie verzaubert und begann zu begreifen, warum es hier Trolle, Feen und Zwerge gab. Dies war ein fremder Planet, anders als alles, was ich bisher in meinem Leben gesehen hatte.

Hin und wieder umschlossen uns Nebelbänke, als wollten uns geheimnisvolle Geistwesen gefangennehmen, als Strafe dafür, daß wir in ihr Reich eingebrochen waren. Dann wieder blitzte die Sonne durch den fahlen Dunst und zauberte rätselhaft schillernde Lichtreflexe in die Landschaft, überirdisch schön.

Natürlich reckte ich den Hals nach jedem Pferd, das uns

am Weg begegnete. Ob es nun Gruppen von Reitern auf einer Wanderung zu Pferde waren, Bauern oder Hirten mit ihren Arbeitspferden oder einzelne grasende Tiere auf der Weide.

Wir übernachteten in einem Bauernhof. Auf den Vatnajökull-Gletscher müßten wir, sagte man uns. Die Eismassen des Vatnajökull sind größer als alle Alpengletscher zusammen, ich hatte darüber gelesen. Ein unvergeßliches Erlebnis, Sie dürfen es nicht versäumen! sagte jemand. Ich nickte gehorsam. Doch mein Ziel lag woanders.

Die Herden der Jungpferde leben im Sommer in den Bergen, hatte man uns gesagt. Erst mit dem großen Herbstabtrieb kommen sie wieder herunter. So lange konnte ich nicht warten. Wir fuhren weiter nach Osten. Dort hatten wir die Adresse eines Bauern, der Pferde züchtete und einen Reitbetrieb für Feriengäste unterhielt. Vielleicht konnte er uns helfen.

Es war Mittag, wir hatten unser Picknick am Straßenrand eingenommen, um nicht zuviel Zeit zu verlieren, denn wir wollten möglichst früh am Ziel sein, um den Tag für unser Vorhaben zu nutzen. Ich hatte Daniel gerade am Steuer abgelöst; jetzt döste er neben mir vor sich hin, schon halb im Schlaf. Immer wieder sah ich voller Entzücken auf diese fremde Landschaft aus Lavagestein und erloschenen Kratern, von sattgrünem Gras bewachsen, so daß sie aussahen wie übergroße Hüte aus Samt. Plötzlich war mir, als tippe mich jemand auf die Schulter. Erschrocken drehte ich mich um. Für einen winzigen Augenblick sah ich in ein listiges kleines Gesicht, verschrumpelt und braun, mit einer Knollennase und blitzenden schwarzen Knopfaugen. Das kleine Geschöpf wies mit einer energischen Kopfbewegung nach links, dann war es verschwunden. Ich trat auf die Bremse und sah mich um.

Tatsächlich, dort drüben führte ein ausgewaschener Schotterweg links in die Berge hinein. Ich zögerte nicht lange und steuerte den Wagen von der ausgebauten Straße hinunter in den Pfad. Der Wagen rüttelte und hüpfte, und Daniel wurde unsanft aus einem Schlummer geweckt. „Bist du verrückt? Was soll das?"

„Frag nicht, schlaf weiter."

„Du bist gut, bei dem Geschaukel schlafen! Du willst doch nicht im Ernst einfach ins Hochland hinein! Du weißt, wie sie uns davor gewarnt haben."

Ich ließ mich nicht beirren. „Wir haben einen stabilen Geländewagen, und es ist Hochsommer. Wir werden schon nicht auf der Strecke bleiben, keine Sorge. Das fühle ich."

Daniel sah mich zweifelnd von der Seite an. „Na, hoffentlich bist du da nicht auf einen üblen Scherz reingefallen", sagte er. „Trolle sollen zuweilen so etwas tun."

Hatte er den Kleinen auch gesehen? Ich kam nicht dazu, ihn danach zu fragen, denn der Weg beanspruchte meine ganze Aufmerksamkeit. Er war teilweise kaum zu erkennen, führte durch ein trockenes Flußbett und unter tief hängendem Gestrüpp hindurch. Zweige peitschten gegen die Windschutzscheibe, und der Wagen machte Hüpfer und Sprünge, daß ich fürchtete, er würde bei einem Aufprall auseinanderbrechen.

Schließlich hatten wir die Richtung vollkommen verloren. Wir befanden uns in einer schmalen Felsschlucht, von undurchdringlichem Kiefergestrüpp bedeckt, und das, was einmal eine Schotterstraße gewesen war, war von kniehohem Gras bewachsen.

„Sieht so aus, als hätten dich die Trolle wirklich in die Irre führen wollen", bemerkte Daniel trocken.

„Wo es Trolle gibt, gibt es auch gute Feen", widersprach ich, obwohl ich inzwischen ziemlich ratlos war. „Weißt du was? Laß uns ein Stück zu Fuß weitergehen. Vielleicht hilft uns das bei der Orientierung."

Wir stiegen aus und sahen uns um.

Ich lauschte. „Daniel, hörst du das? Dieses Donnern. Die ganze Erde vibriert!" Ich erschrak. „Meinst du, es gibt ein Erdbeben? Einen Vulkanausbruch?"

Daniel nahm mich an der Hand und zog mich hinter sich her. Am Ende der Schlucht blitzte es hell durch die Zweige, dort schienen wir wieder in freies Land zu kommen. Das Donnern war verstummt. Doch nach einer Weile vernahmen wir es wieder, jetzt war es ganz nahe.

Daniel zog mich die Böschung hinauf, und wir blickten in eine weite Ebene, auf blühende Wiesen, von grünen Hügeln umschlossen. Das Donnern wurde stärker. Unter gewaltigem Getöse stieg eine weiße Wassersäule aus dem Boden hoch in die Luft und fiel schäumend und sprudelnd, in einer Kaskade aus blitzenden Tropfen, zur Erde zurück. Wir traten näher heran. Lange schauten wir stumm auf dieses gewaltige Schauspiel.

Ich weiß nicht, wieviel Zeit verging, bis mir bewußt

wurde, daß wir nicht allein waren. Irgendwann zwang mich etwas, mich umzusehen. Und da stand er, mein roter Junghengst, nur wenige Meter von mir entfernt, und sah mich an. Ich war unfähig, etwas zu sagen. Ich drückte Daniels Hand so fest, daß er mich erstaunt anblickte. Dann ließ ich ihn los und ging langsam auf das Pferd zu.

„Hallo ..." Ich flüsterte nur. „Hallo, Lieber!"

Er näherte sich mir zögernd. Sein leises, fragendes Wiehern klang wie ein Willkommensgruß. Jetzt standen wir uns gegenüber. Ich streckte ihm meine Handfläche hin, und der rote Hengst senkte vertrauensvoll seine Nase, schnupperte und blies zart hinein. Ich empfand ein solches Glücksgefühl, daß mir die Tränen in die Augen traten. Behutsam begann ich, ihn zu streicheln. Er drängte sich an mich, und ich legte ihm meine Arme um den Hals. So standen wir lange.

Daniel war leise herangetreten. „Glücklich?"

„Unbeschreiblich glücklich. Er hat mich erkannt."

Daniel sah mich an. „Aber er ist ein Pony!"

„Na und?"

„Hast du keinen Turnierehrgeiz mehr?"

Ich schüttelte heftig den Kopf. „Ich will nur noch mit ihm zusammen durchs Land streifen. Mit euch beiden! Wandern, Spaß haben, die Landschaft sehen. Oh, Daniel, ich bin so froh!"

Wenn ich geglaubt hatte, damit sei das Ziel meiner Reise erreicht, sollte ich mich irren. Die Schwierigkeiten begannen erst jetzt. Allein den Besitzer des Roten ausfindig zu machen, kostete uns einen halben Tag. Örn Thorwaldson war ein scheuer Bauer, der nur isländisch sprach und uns kritisch betrachtete. Immerhin erlaubte er uns, auf seinem Hof zu übernachten.

Am nächsten Tag fanden wir im Dorf eine junge Frau, eine Lehrerin aus Reykjavik, die bereit war zu dolmetschen. Doch unsere Enttäuschung war groß: Auf die Frage, ob wir den roten Junghengst kaufen und mit nach Deutschland nehmen könnten, antwortete der Bauer kurz und energisch „Nein“. Der Hengst sei schon jemand anderem versprochen.

Mein verzweifeltes Gesicht schien ihm Eindruck zu machen, denn er fügte hinzu, er kenne andere Bauern, die das richtige Pferd für mich hätten, auch Füchse seien darunter, wenn es mir so auf die Farbe ankäme. Ich schüttelte nur den Kopf. Diesen oder keinen. Daniel und ich standen auf und wandten uns zur Tür. Wir bedankten uns noch einmal für die Gastfreundschaft und gingen.

„Sei nicht zu enttäuscht, Tess.“ Daniel legte mir liebevoll den Arm um die Schulter. „Vielleicht soll er hierbleiben, in seinen isländischen Bergen, und hier glücklich sein.“

Ich schluckte. Ich war unendlich traurig, mir war, als hätte ich Cosmo ein zweites Mal verloren. „Ich will mich wenigstens noch von ihm verabschieden.“

Wir fuhren zurück an die Stelle, an der wir den Roten und seine Herde gefunden hatten. Daniel setzte sich in der Nähe des Geysirs ins Gras und ließ mich mit meinem Pferd allein. Lange hielten wir zwei stumme Zwiegespräche.

Ich war so vertieft, daß ich die herannahenden Männer nicht bemerkte. Es war unser Bauer, in Begleitung eines jüngeren Mannes. Die Ähnlichkeit ließ vermuten, daß es sich um seinen Sohn handelte. Sie kamen mit raschen Schritten zu mir herüber.

„Guten Tag! Ich bin Benedykt Thorwaldson. Sie kommen aus Deutschland?“

„Ja. Woher können Sie meine Sprache?“ fragte ich erstaunt.

„Ich arbeite in einem Hotel. Bin für die sportlichen Aktivitäten der Touristen verantwortlich. Ich hab in Deutschland gelernt, wir haben viele Gäste von dort. Warum wollen Sie unbedingt dieses Pferd?“ Er kam schnell zur Sache.

„Weil es zu mir gehört!“ sagte ich fest und sah ihm gerade in die Augen. „Ich muß Ihnen das erklären, es ist eine längere Geschichte.“ Und ich erzählte ihm von Cosmo, unserem Leben miteinander, seiner Krankheit und seinem Tod. Und auch von meinen Träumen sprach ich, und wie ich hierhergeführt worden war.

Benedykt übersetzte seinem Vater jeden Satz. Der ältere Mann starrte mich mit immer größer werdenden Augen an. Schließlich wandte er sich an seinen Sohn und sagte einen einzigen Satz. Benedykt übersetzte: „Es ist Ihr Pferd.“

Später fügte er hinzu, der Vater habe von einem der Geistwesen, die auf seinem Hof wohnten und sich hin und wieder bemerkbar machten, bei der Geburt des Fohlens die Weisung erhalten, es für jemanden aufzubewahren, der von weit her kommen würde, um es abzuholen. Jemand mit einem Schimmel.

Ich zog schweigend meine Brieftasche heraus und nahm ein Foto von Cosmo und mir heraus, das ich immer bei mir trage. Einen Schnappschuß, den mein Vater gemacht hatte, als ich Cosmo einmal von der Koppel geholt und zur Begrüßung umarmt hatte. Der ältere Mann schüttelte staunend den Kopf. Dann gab er mir die Hand.

Daniel und ich wurden eingeladen, für den Rest unserer Ferien zu bleiben. Wir streiften durch die Umgebung, badeten bei eisigem Wind in heißen Quellen, halfen dem Bauern ein wenig bei der Arbeit und verbrachten viel Zeit bei dem roten Cosmo und der Herde.

Als wir mit Cosmo und einem seiner älteren Brüder, einem kräftigen Braunen, den sich Daniel ausgesucht hatte, nach Deutschland zurückkehrten, waren wir nicht mehr dieselben. Klar, meine Freunde im Reitstall sagten später, daß alles Zufall war mit dem roten Ponyhengst. Aber ich glaube nicht an Zufälle. Und Daniel auch nicht. Und auch nicht der isländische Bauer und sein Sohn.

Wir brachten nicht nur die beiden Pferde mit nach Hause, sondern auch die Weite, die Stille und Einsamkeit, den Duft der Insel – und ein paar ihrer Geheimnisse. Und wir wußten, wir würden zurückkehren.

Die Frau im Moor

Christian trat ans Fenster und sah in den Park von Abbey Hall hinunter. Eine weite Rasenfläche, von alten Bäumen umgeben, war von wollig weißen Schafen übersät, wie der Abendhimmel von Wolken. Man hätte sie für eine Spiegelung halten können. Auf der breiten alten Steinterrasse, die fast die gesamte Gartenseite des Hauses einnahm und von einer üppigen Rosenrabatte begrenzt wurde, ging jetzt ein Dudelsackspieler hin und her, um mit seinen melancholischen Liedern die Gäste auf den Abend in einem schottischen Schloß einzustimmen.

Barbara trat zu ihrem Freund und legte ihm den Arm um die Schultern. „Alles wunderbar! Du, das werden die schönsten Ferien, die wir je hatten! Wohnen wie die Könige, reiten, fischen, wandern, schlemmen, Abende am Kaminfeuer ..."

„... und ausschlafen!" vollendete Christian den Satz. „Jedenfalls gibt der Lord da unten sich alle Mühe, uns in die richtige Stimmung zu versetzen. Zurück ins achtzehnte Jahrhundert."

„Da fehlen nur noch Gespenstergeschichten!" erklärte Barbara vergnügt. „Komm, laß uns runtergehen. Ein Whisky vorm Essen kann uns nach der endlosen Autofahrt nicht schaden.

„Du mußt Gedanken lesen können, genau das wollte ich dir gerade vorschlagen."

Sie stiegen die breite Treppe in die Halle von Abbey Hall hinunter, nicht ohne die Ahnenbilder an den Wänden aufmerksam zu betrachten.

„Ein gestrenger Herr, dieser kriegerische Reiter", befand Chris angesichts eines grimmigen Ritters in voller Rüstung. „Sicher der Boß des Clans und Schrecken des gesamten englischen Heeres."

„Und die alte Dame dort mit dem dreifachen Kinn war gewiß seine Frau. Mutter von zwölf Kindern."

„Da ist sie noch einmal, zwanzig Jahre jünger. Ist sie doch?"

„Könnte stimmen." Barbara legte prüfend den Kopf schief. „Die wässrig blauen Augen, die spitze Nase. Acht Kinder, eine beachtliche Leistung!"

„He, sieh dir das an! Donnerwetter, in die würde ich mich sofort verlieben!" Christian betrachtete die schöne junge Frau im Reitdress mit verträumten Augen.

„Das ist doch ein Junge! Ein Junge mit langen blonden Locken. Das soll's schon damals gegeben haben. Schau den Jagdrock und die Hosen an, und dann die Stiefel! Ein Mädchen würde im Damensattel reiten und einen knöchellangen Mantel tragen“, widersprach Barbara.

„Wetten, es ist ein Mädchen?“

„Die Wette haben Sie gewonnen“, mischte sich vom Fuß der Treppe ein älterer Herr ins Gespräch. „Ich bin Kenneth McCullagh, Ihr Gastgeber. Sie kommen aus Deutschland, nicht wahr? Die Freunde unserer alten Freunde Bernhard?“

Barbara begrüßte den Hausherrn herzlich. „Barbara Förster und Christian Jaspers. Wir freuen uns, daß wir in Ihrem Haus Ferien machen dürfen. Es ist wundervoll!“

„Sie sind begeisterte Reiter, habe ich gehört?“ erkundigte sich der Lord. „Das haben Sie gemeinsam mit meiner Ururgroßmutter Gwendolyn, die Sie gerade auf dem Gemälde bewundert haben. Sie sorgte mit ihrer Pferdeleidenschaft für manchen Skandal. Doch das störte sie nicht. Aber kommen Sie in die Bibliothek, ich möchte Sie zu einem Begrüßungsdrink einladen.“

Kenneth McCullagh ging voraus und holte eine Flasche und drei Gläser von der Bar. „Ein Whisky, der älter ist als Sie“, sagte er lächelnd, während er einschenkte.

„Siehst du, auf dem Gemälde ist also doch ein Mädchen“, raunte Christian. „Ich hab’s gewußt. Das spürt ein Mann!“

Der Lord reichte ihnen die gut gefüllten Gläser und wies auf eine Sitzgruppe am Kamin, in dem ein Torffeuer gloste.

„Erzählen Sie uns von den Skandalen der Lady Gwendolyn?“ fragte Barbara neugierig. „Hat sie ihr Lieblingspferd mit ins Schlafzimmer genommen?“

„Babs, du bist unmöglich!“ rügte Christian seine Freundin.

Der Lord lachte. „Nein, ihre Skandale bezogen sich mehr auf ihr unkonventionelles Benehmen, vor allem, was ihre amourösen Abenteuer betraf“, erzählte er mit einem Augenzwinkern. „Sie bestand darauf, zu leben wie ein Mann, hatte häufig wechselnde Liebhaber, besuchte Pubs und ritt in Männerkleidern.“

Christian nahm genüßlich einen tiefen Schluck von dem leicht nach Rauch und Holz duftenden Whisky. „Das schwarze Schaf der Familie, hab ich recht?“

„Damals schon. Obwohl Gwendolyn sehr beliebt war. Sie setzte sich leidenschaftlich für die Armen und Unterdrückten ein, ein weiblicher Robin Hood“, erzählte der Hausherr. „Die Leute verehrten sie. Doch eines Tages geschah es, daß sie sich verliebte – und bald darauf von ihrem Geliebten verlassen wurde. Er verschwand über Nacht und ohne Abschied und wurde nie wieder gesehen. Gwendolyn wollte es nicht wahrhaben, daß er möglicherweise mit einer anderen heimlich das Land verlassen hatte; sie behauptete, er sei bei einem nächtlichen Ritt vom Wege abgekommen und in einem der Moorseen ertrunken. Schließlich nahm sie sich aus Kummer das Leben. Seit der Zeit irrt ihr Geist durch das Hochmoor. Sie reitet in Nebelnächten und sucht nach ihrem Liebsten.“

„Da hast du deine Gespenstergeschichte, Babs!“ erklärte Christian zufrieden. „Und auch noch eine mit Pferd!“

Weitere Feriengäste betraten die Bibliothek, und das Gespräch drehte sich um andere Themen: Das Wetter im allgemeinen und besonderen, Ausflüge und sportliche Betätigungen in den kommenden Tagen wurden besprochen. Dann ging man zum Essen in den Speisesaal, wo Lady Mary Ann ein köstliches Dinner servieren ließ.

Nicht lange nach dem Essen verabschiedeten sich Barbara und Christian und stiegen, müde von dem langen Reisetag, in ihr Zimmer hinauf. Bald darauf lagen sie in dem riesigen Himmelbett und fielen in einen traumlosen Schlaf.

Am nächsten Tag strahlte die Sonne vom Himmel.

„Das ist schon das zweite Vorurteil, das wir entkräften können!“ stellte Barbara zufrieden fest. „Das erste war die angeblich so schlechte Küche der Engländer und Schotten. Ich habe selten so gut gegessen wie gestern abend!“

„Und das zweite?“ Christian steckte mit dem Kopf noch tief in den Kissen.

„Das Wetter! Sieh doch mal aus dem Fenster! Also, raus mit dir aus der Koje. Jetzt wird gut gefrühstückt und dann: in den Sattel und über die Hügel. Wir wollen schließlich etwas sehen vom Land.“ Barbara zog Christian energisch die Decke weg.

„Na schön. Mindestens zwei Argumente, denen ich nicht widersprechen kann.

Das Frühstück übertraf all ihre Erwartungen. Bei Rührei und Spiegeleiern mit Würstchen und Speck, Räucherfisch, Käse, Schinken, Honig und selbstgemachten Marmeladen wurde es fast Mittag, bis sie vom Tisch aufstanden. Und auch dann kamen sie nur bis zur Terrasse, wo sich eine fröhliche Runde beim ersten Glas Porter zusammengefunden hatte.

„Haben Sie gehört? Hier soll es sogar ein Hausgespenst geben!“ Ein amerikanischer Rechtsanwalt hielt Barbara auf. „Ich hoffe, Sie sind nicht schreckhaft!“

„Soweit ich gehört habe, handelt es sich bei dem Gespenst um eine attraktive junge Dame, und die geistert auch nicht im Schloß herum, sondern draußen im Moor“, antwortete Barbara lachend. „Und das auch nur für Leute, die daran glauben.“

„Sie glauben nicht daran?“

„Tut mir leid, nein.“

„Schade. Ich wollte so gern als Geist von Abbey Hall erscheinen. Ich habe schon das Laken anprobiert.“

„Diese angeblichen Gespenstererscheinungen sind doch hier nur eine Erfindung der Tourismusindustrie“, mischte sich ein Arzt aus Berlin ins Gespräch.

„Stimmt. Allerdings eine nette Erfindung“, pflichtete ihm seine Frau bei. „Eine Prise Romantik und Gänsehaut macht die Sache doch erst reizvoll!“

„Gewiß. Aber jetzt müssen Sie uns entschuldigen, wir haben noch was vor.“ Christian zog Barbara mit sich fort. „Wir wollen im Sattel ein bißchen die Umgebung erforschen.“

„Ja, im Stall wartet man sicher schon auf uns“, erklärte Barbara, „wir sind spät dran. Wir sehen uns heute abend!“

Die Pferde, die man für sie bereithielt, waren zwei gutmütige Hochlandponys, zutraulich und leicht zu reiten.

„Die kennen uns noch nicht!“ flüsterte Barbara Christian zu, bevor sie in den Sattel stieg. „Ich und ein Pony!“

„Woher sollen sie wissen, daß du voriges Jahr Zweite bei der Landesmeisterschaft im Springen warst“, gab Christian zurück. Na ja, schließlich wollen wir uns nur ein bißchen im Gelände umsehen."

„Bleiben Sie nicht zu lange, Sir!" warnte der Stallhelfer. „Das Wetter sieht nicht gut aus. Es wird umschlagen. Und halten Sie sich an befestigte Wege, das Moor ist gefährlich!"

„Also, für mich sieht das Wetter perfekt aus!" Christian warf einen flüchtigen Blick zum fast wolkenlosen Himmel. „Aber danke für den Tip! Keine Sorge, wir passen schon auf uns auf."

Barbara zog einen zusammengefalteten Plan aus der Tasche und hob ihn hoch. „Wir haben sogar eine Wanderkarte dabei, falls wir uns in der Richtung irren sollten. Bis später."

Sie trieben die Ponys an und trabten die Einfahrtsallee hinunter. Sie tauchten ein in eine Landschaft aus grünen Hügeln und seltsam geformten Felsen, aus Heidekraut und sich weich im Wind wiegendem Gras. Von der Küste wehte eine kräftige Brise herüber, die nach Salz und Freiheit schmeckte. Wie einzelne Wollgrasblüten leuchtete das Weiß in der Ferne weidender Schafe. Vom Meer her segelten Wolken heran und schoben sich träge über die Felsen.

„Ich könnte schreien vor Glück!" Barbara trieb ihr Pony an. Wie ein Pfeil schoß es davon, hinaus in die Hochebene, voller Lust, mit dem Wind um die Wette zu laufen.

Dicht hinter ihnen folgte Christian auf seinem Rappen. „Ja! Es ist genau so, wie wir es uns erträumt haben!" Er holte auf, war nun dicht an ihrer Seite und sah sie lachend an. „Einfach wunderbar! Eigentlich noch viel schöner als jeder Traum."

Sie kamen an die Küste und parierten zum Schritt durch. Kahle Bergkliffs ragten steil über dem Meer auf, tief unter ihnen leckte die Brandung an abgestürztem, schwarzem Geröll. Einzelne verkrüppelte Kiefern krallten sich auf der Landseite in den Hang, als suchten sie Schutz vor den Stürmen. Seitlich von ihnen bildeten die Felsen eine kleine Bucht, die vor dem Ansturm des Windes geschützt war. Dort drängten sich ein paar Fischerhäuser um einen Hafen wie aus der Spielzeugkiste. Sogar eine kleine Kirche gab es.

„Reiten wir hinunter?" fragte Barbara.

„Klar, das müssen wir uns näher ansehen."

Es war ein schmaler Schotterweg, der ins Dorf hinabführte, gerade breit genug für einen Landrover oder Trecker. Sie ritten im Schritt hinunter, und Barbara bemühte sich, nur zwischen den Pferdeohren hindurch auf die Straße zu schauen. Denn obwohl die Ponys sich sicher auf dem vertrauten Weg vorwärts bewegten, machte sie der Anblick der steil zum Meer abfallenden Felsen etwas schwindlig. Bergauf würde ihr und ihrem Pony der Ritt leichter fallen.

Das Dorf lag wie ausgestorben. Hier und da lag ein Hund zusammengerollt auf einer Türschwelle und hob schläfrig den Kopf, wenn sie vorbeiritten. Eine magere Katze huschte lautlos vor ihnen davon, ins Dunkel eines verfallenen Schuppens. Die Schreie der Möwen hallten laut durch die Bucht und kamen wie ein Echo von den Felsen zurück. Von den Bewohnern war weit und breit nichts zu sehen.

„Die schlafen hier alle. War sicher ein guter Fang letzte

Nacht“, bemerkte Christian. „Komm, laß uns absteigen und ein bißchen auf der Mole herumklettern.“

Sie banden die Ponys an einem Geländer fest und gingen auf den Bootssteg hinaus. Fischerboote dümpelten träge im Wasser, es roch nach Teer, nach Algen und nach Fisch. Hier draußen war der Wind stärker, Barbara knöpfte ihre Jacke wieder zu.

„Ist dir kalt?“ Christian legte ihr den Arm um die Schultern. „Schau mal, da hinten! Das sieht aus wie ein Pub, da bekommen wir sicher einen heißen Tee.“

„Der wäre jetzt genau das richtige.“

Sie waren die einzigen Gäste. Der Wirt, nicht sonderlich begeistert über die Störung seiner Mittagsruhe, hatte ihnen den Tee gebracht und döste nun auf einem Stuhl neben dem Tresen vor sich hin. Doch bald kamen ein paar Fischer herein, verlangten das erste Pint und sahen sich neugierig nach den Fremden um. Hierher verirrte sich vermutlich selten einer der Hotelgäste. Man kam ins Gespräch, und bald hatten auch Barbara und Christian ein gefülltes Glas vor sich stehen. Fragen und Antworten flogen von einem Tisch zum anderen.

„Noch eins?“ fragte der Wirt, der allmählich wieder zum Leben zu erwachen schien. „Wie wär’s mit einem Whisky, gute alte Hausmarke?“

„Nein, danke. Vielleicht das nächste Mal. Wir wollen die Ponys nicht so lange stehenlassen“, erklärte Barbara.

„Wir kommen bald wieder. Bye-bye!“ Christian winkte den Männern noch einmal zu, dann verließen sie die verräucherte Gaststube und atmeten wie befreit die würzige Seeluft ein.

5 10302-6

„Es ist kälter geworden, und die Wolken werden dichter. Ob sich da wirklich etwas zusammenbraut?“ Barbara sah besorgt zum Himmel.

„Keine Angst, bis der Regen einsetzt, sind wir längst wieder in unserem Schloß“, beruhigte Christian sie. „Zeig mir mal die Karte! Wäre doch langweilig, denselben Weg zurückzureiten.“

„Hier, schau.“ Barbara hielt ihm den Plan hin und zeigte auf eine Strecke, die oben auf der Steilküste ein Stück weit nach Norden führte und dann in einem Bogen, vorbei an mehreren kleinen Seen, zum Schloß zurücklief.

„Genau, die nehmen wir.“

Sie ritten die Straße hinauf, die sie gekommen waren und bogen auf der Höhe nach Norden ab. Über ihnen wurde die Wolkendecke dichter, und der Wind blies ihnen unbarmherzig ins Gesicht. Die Ponys senkten die Köpfe und marschierten gleichmütig vorwärts. Barbara und Christian duckten sich tief über ihre Hälse, um ein wenig Schutz zu finden.

„Geschafft! Da vorn geht es wieder landeinwärts, da ist es ruhiger!“ Christian galoppierte an, und sein Pony lief wie erleichtert in die tiefer gelegene Ebene davon.

Barbara ritt dicht auf. Hier war es angenehmer, auch wenn jetzt ein leichter Nieselregen einsetzte. Bald hatten sie die Senke erreicht, in der sich mehrere kleine Seen und Wasserlöcher befanden. Einzelne Baumgruppen standen dazwischen, ein Entenpaar segelte durch die Luft heran und setzte schnatternd auf dem Wasser auf.

Sie parierten zum Schritt durch. Der Weg führte in Schlangenlinien zwischen Tümpeln hindurch, doch sie achteten kaum darauf, die Ponys kannten schließlich alle Wege, die zum heimischen Stall zurückführten.

Ein paar hundert Meter weiter gabelte sich der Weg. Christian hielt an.

„Zeig mir noch mal die Karte. Von einer Gabelung war doch da gar nichts zu sehen?"

„Doch! Hier, schau! Wir müssen nach rechts abbiegen!" Barbara zeigte auf eine feine Linie, die direkt auf das Schloß zu führte.

„Bist du sicher?"

„Du nicht?" Unbehaglich sah sie ihn an.

„Doch, du hast recht. Außerdem ist es der nächste Weg. Los, komm, ehe wir total durchnäßt sind."

Sie trieben die Ponys in einen starken Trab. Der Regen war stärker geworden, wie ein dichter Vorhang nahm er ihnen die Sicht, und von den Wasserlöchern und Seen stieg jetzt grauer Nebeldunst auf. Es wurde dunkel, als wäre es bereits Abend.

„Bleib hinter mir, hier wird's verdammt schmal", rief Christian. Doch gleich darauf stoppte er. „Moment mal, das kann doch nicht stimmen! Ich kann den Weg kaum noch sehen."

„Was machen wir? Umkehren?" fragte sie.

„Unsinn. Wir müssen ganz nahe beim Schloß sein, notfalls reiten wir querfeldein."

„Das sollten wir lieber bleibenlassen, Chris", sagte Barbara besorgt. „Sie haben uns ausdrücklich vor den Mooren gewarnt. Und man kann kaum noch die Hand vor Augen sehen!"

„Und? Was schlägst du vor? Den Weg, den wir gekommen sind, kann man auch kaum noch erkennen!“ knurrte Christian wütend. „Sollen wir hier jetzt vielleicht übernachten?“

Barbara zuckte hilflos mit den Schultern. Allmählich bekam sie Angst, auch wenn sie das niemals zugegeben hätte. Doch Christian ging es nicht viel besser. Die Moore wurden ihm plötzlich unheimlich, sie wurden zu einer Bedrohung, die er nicht kannte.

Nun wurden auch die Ponys unruhig. Aufgeregt trippelten sie auf der Stelle und wieherten nervös.

„Christian! Sieh mal da vorn! Da reitet jemand! Sieht aus wie jemand, der hierhergehört.“

„Eine Frau. Komm, ihr nach, sie kann uns sicher helfen.“

Sie drückten den Ponys die Fersen in die Flanken und trabten eilig hinter der Reiterin her.

„He! Hallo! Wait, please! Hallo, Madam! Please!“

Die Reiterin schien die Rufe der beiden nicht zu hören. Vielleicht rauschte der Regen zu stark, oder der Wind übertönte ihre Rufe. Unbeirrt ritt sie dahin, in einer seltsam fließenden, gleichmäßigen Gangart.

„Schneller, wir müssen sie einholen!“ keuchte Christian.

Doch so sehr sie die Ponys auch antrieben, die Entfernung zwischen ihnen und der fremden Frau wollte sich nicht verringern.

„Das ist doch verrückt!“ rief Christian. „Die Frau reitet wie der Teufel! Aber sie hört uns nicht! He! Hallo! Madam, please! Stop, please!“

„Sie will sicher auch zum Schloß. Vielleicht gehört sie zur Familie. Ein Segen, daß sie einen Schimmel reitet und dieses weiße Regencape trägt, so können wir sie wenigstens nicht verlieren in diesem Nebel!“

Christian bemühte sich angestrengt, die fremde Reiterin nicht aus den Augen zu verlieren. Er ließ dem Pony den Kopf frei und trieb es noch stärker an. Der Weg war kaum noch zu erkennen. Nebelschwaden trieben um sie dahin, eine seltsame, unheimliche Stimmung herrschte.

Barbara versuchte verzweifelt, Christian auf seinem Rappen nicht zu verlieren. Unter den Galoppsprüngen der Tiere vibrierte der Boden.

Lange konnten die Ponys das Tempo nicht durchhalten. Was für ein Wunderpferd ritt die Frau dort vorn? Christian kämpfte mit heftigem Seitenstechen. Einen solchen Ritt hatte er noch nie erlebt. Und auch Barbara spürte jeden Muskel im Leib.

Doch dann war plötzlich alles vorbei. Der Nebel lichtete sich, und vor ihnen lag die weite Rasenfläche des Parks von Abbey Hall. Hinter Regenschleiern erhob sich die prächtige Fassade des Schlosses.

Die fremde Reiterin hatte bereits das Portal erreicht. Sie sprang aus dem Sattel, gab einem Stallburschen die Zügel und klopfte flüchtig den Hals des Schimmels. Der Stallbursche übernahm das Pferd und führte den Schimmel zu den Ställen.

Als Christian und Barbara am Stall ankamen, war von dem weißen Pferd und seinem Betreuer nichts mehr zu sehen. Christian und Barbara saßen ab; sie flüchteten vor dem Regen eilig unter das vorspringende Dach und nahmen den Ponys die Sättel ab, dann führten sie die Tiere hinein.

Als sie die Ponys trockengerieben und versorgt hatten, ging Christian die Stallgasse hinauf und warf einen Blick in die übrigen Boxen. Barbara folgte ihm neugierig.

„Suchen Sie etwas, Sir?“ Aus der Sattelkammer trat ein alter Pferdepfleger auf sie zu.

„Nun ja, wir wollten uns diesen phantastischen Schimmel ansehen!“

„Schimmel, Sir? Wir haben keinen Schimmel bei uns im Stall!“ Der Mann warf ihnen einen merkwürdig prüfenden Blick zu, dann wandte er sich brüsk ab. „Vermutlich ein Irrtum, Sir.“

„Aber wir haben doch genau gesehen, wie dieser Schimmel hier hereingeführt wurde!“

„Komm, Christian, gehen wir!“ drängte Barbara und zog ihn mit sich zur Stalltür. Flüsternd fuhr sie fort: „Du siehst doch, das Thema ist ihm unangenehm. Vielleicht gehört das Pferd einer Nachbarin, mit der sie verkracht sind. Oder sie haben noch einen zweiten Stall für die Privatpferde der Besitzer. Laß uns in unser Zimmer gehen. Ich bin bis auf die Haut naß und möchte mich umziehen.“

Sie liefen zum Schloß hinüber. Vor dem Portal wurden sie von ihrem Gastgeber aufgehalten, der gerade das Haus verlassen wollte.

„Wo kommen Sie jetzt her? Wir haben uns schon Sorgen gemacht, bei dem Unwetter!“

„Ja, das war ein ziemlich feuchter Ritt“, gestand Christian ein. „Und aufregend dazu. Wir wollten den direkten Weg zum Schloß nehmen und wußten plötzlich nicht weiter. Wenn uns diese gute Reiterin nicht den Weg gewiesen hätte, wären wir vermutlich jetzt noch im Moor!“

Der Lord war ernst geworden. „Sie sind durchs Moor gekommen? Das hätte Ihr Tod sein können!"

„Durchs Moor?" Barbara sah Christian fragend an. „Ich weiß nicht, es war der Weg, der von Westen her direkt auf das Schloß zu führt. Ein bißchen merkwürdig kam es mir schon vor, daß der Boden so stark schwankte. Aber zum Glück ist es gutgegangen, dank unserer geländekundigen Vorreiterin. Wir wollen uns unbedingt später bei ihr bedanken. Und dann möchte ich ihr zu ihrem traumhaften Schimmel gratulieren! Unglaublich, das Tempo, das sie vorlegte! Noch dazu im Moor!"

„Sie ritt so schnell, daß wir sie einfach nicht einholen konnten! Wer ist die Dame? Ein Hotelgast oder ein Mitglied Ihrer Familie, Mylord?"

Der Lord sah sie mit einem seltsamen Blick an. „Sie ritt einen Schimmel, sagen Sie? Wir haben hier keine Dame, die einen Schimmel besitzt. Auch nicht in der Nachbarschaft. Ich wüßte das."

„Gewiß, aber wir haben sie genau gesehen! Sie trug ein helles Regencape, das war sehr hilfreich für uns, so konnten wir sie nicht aus den Augen verlieren. Ohne sie hätten wir es im Nebel nicht geschafft, nach Abbey Hall zurückzufinden. Ganz sicher nicht."

„Ich sagte Ihnen doch, es gibt hier niemanden, auf den Ihre Beschreibung paßt!" wiederholte der Lord mit einem seltsamen Lächeln. „Es sei denn ... würden Sie die Dame wiedererkennen?"

„O ja, sofort!" beteuerte Christian schnell.

„Ganz sicher!" pflichtete Barbara ihm bei.

„Nun gut, dann folgen Sie mir!" Kenneth McCullagh

wandte sich um, um mit ihnen ins Haus zurückzukehren. „Wir müssen in mein Arbeitszimmer hinauf."

Christian und Barbara folgten ihrem Gastgeber, ein wenig verwundert über sein geheimnisvolles Benehmen. Sie stiegen die Treppe hinauf. Oben öffnete der Lord die Tür zu einem geräumigen Saal mit großen Fenstern. In der Mitte stand ein riesiger alter Schreibtisch, an den Wänden gab es neben nüchternen Regalen mehrere wertvolle Schränke und Truhen. Stapel von Büchern und Folianten lagen auf Tischen, Stühlen und dem Fußboden neben Aktenbergen. Auch einen Computer und ein Faxgerät gab es, wie Barbara feststellte.

„Entschuldigen Sie die Unordnung", bat der Lord, „Ich schreibe an einer Familiengeschichte und brauche das alles für meine Recherchen. Nun, erkennen Sie sie wieder?"

Christian und Barbara sahen sich um. Außer ihnen war niemand im Raum.

„Dort oben!" Kenneth McCullagh wies auf ein Gemälde, das die Schmalseite neben der Tür einnahm, und dem sie deshalb bisher den Rücken zugekehrt hatten.

Vor Überraschung schrie Barbara auf. „Das ist sie! Chris, das ist die Frau! Und genau dieses Cape trug sie, mit der Kapuze!"

„Du hast recht! Aber ich verstehe nicht!" Verwirrt sah Christian zu Lord McCullagh hinüber.

Kenneth McCullagh nickte. „Es ist ein Porträt meiner Ururgroßmutter Gwendolyn. Sie kannte sich im Moor aus wie kein anderer Mensch in der Grafschaft. Und im Moor hat sie den Tod gesucht – die Vereinigung mit ihrem Geliebten. Ich erzählte es Ihnen."

„Aber das ist doch nicht möglich“, stammelte Barbara. „Sie hat uns ...“

„... sicher aus der Gefahr hinausgeführt“, vollendete der Lord ihren Satz. „Gwendolyn hat Ihnen und den beiden Ponys das Leben gerettet. Es ist nicht das erste Mal, daß sie Verirrten im Moor geholfen hat.“

Reise in die Vergangenheit

Es war der Wind, den sie als erstes wiedererkannte. Dieses starke, vertraute Rauschen der alten Bäume auf dem Wall, der das Gutshaus und die Pferdeställe einschloß wie die schützenden Wände eines Hauses. Der Wind kam von der Ostsee herüber, er strich über die Insel und schien niemals nachzulassen, so als setze sich das gleichmäßige Heranrollen der Wellen, das dumpf schäumende, zischende Geräusch beim Auflaufen auf den Strand endlos im Rascheln der Buchen- und Lindenblätter fort. Schon als Kind hatte sie dieses beständige Rauschen geliebt, das sie früh morgens beim Aufwachen begrüßte und das sie noch begleitete, wenn sie abends müde vom Spielen einschlief.

Wie lange war das jetzt her! So viele Jahrzehnte! Damals hatte sie noch nichts gewußt von den Schrecken des Zweiten Weltkriegs, der schon vor der Tür stand. Und auch davon nichts, daß sie die Insel Rügen am Ende mit vielen anderen Menschen als Flüchtling verlassen mußte. Nur mit einem Rucksack, in dem sich zwischen den Kleidungsstücken eine Pappschachtel mit einem alten Hufeisen befand, mit etwas Heu aus dem Pferdestall und von den großen Bäumen ein paar Bucheckern und Kastanien als Erinnerung.

Es war eine seltsame Wiederkehr nach so langer Zeit. Ja, sie waren noch da, die alten Bäume des Parks, sie ragten neben den seit Jahren von einem Dickicht aus wilden Brombeeren und Brennesseln überwucherten Wegen empor. Auch die riesige Blutbuche und der alte Gingkobaum trotzten dem Verfall ringsumher.

Der Wallgraben führte kein Wasser mehr; Löwenzahn, Disteln und Schafgarbe wuchsen auf den Bergen von Schutt, die man achtlos im Lauf der Zeit dort abgeladen hatte. Das steinerne Brückengeländer war eingestürzt und notdürftig durch Eisenstangen ersetzt worden. Am Gutshaus hingen Fenster- und Türrahmen schief in den Angeln und schlugen im Wind hin und her, heruntergestürzte Dachziegel lagen in Scherben in den einstmals gepflegten Rosenrabatten.

Mascha entfernte sich von den anderen und ging zum ehemaligen Pferdestall hinüber. Nur das alte Fachwerk und Teile der Außenmauer standen noch. Innen war der Boden mit Resten verfaulter Dachbalken bedeckt. Regen, Schnee und die Sommerhitze hatten in vielen Jahren modernde Holzteile und Schutt zu einer bizarren Landschaft geformt, aus der die steinernen Futterkrippen wie Grabsteine emporragten.

Die Bäume rauschten lauter. Scheppernd rollte ein zerlöcherter Blecheimer, von einer Bö erfaßt, über das Kopfsteinpflaster im Hof. In der Ferne bellte ein Hund. Das angestrengte Tuckern eines altersschwachen Traktors kam näher und entfernte sich wieder. Mascha hob schnuppernd die Nase. Auch die Luft roch vertraut, salzig, nach Meerwasser. Und nach feuchtem Laub, schwerer, schwarzer Erde. Und – aber das träumte sie sich wohl dazu – nach ledernem Sattelzeug, Geschirren und Trensen, nach Pferdemist und dem Geruch der heimkehrenden Gespanne.

Maschas Blick wanderte durch den so seltsam veränderten Raum. Dies war der Teil des Stalles gewesen, in dem die edleren Pferde gestanden hatten: die Reitpferde des Vaters und der Mutter; und dann die beiden Rappstuten, die vor der Kutsche gingen, wie Zwillinge hatten sie sich geglichen. Da drüben die Sattelkammer, die war für die Kinder tabu gewesen. Eberhard, der Kutscher, hatte kein Pardon gekannt, wenn man mit vom Spielen schmutzigen Fingern die blitzblank gewienerten Sättel oder Geschirre betatschte.

Hier mußte die Tür zum Laufstall der Stuten und Fohlen gewesen sein. An einem Mauerrest zeigte eine helle Linie, wo es damals eine Trennwand zwischen den Boxen und dem Laufstall gegeben hatte. Mascha ging weiter und kam zum hinteren, größeren Stallbereich, der Domäne der Ackerpferde, die in Zweier- oder Vierergespannen Pflug, Egge, Saat- oder Mähmaschinen und die langen Leiterwagen gezogen hatten.

Sie sah sich um. Das war der Platz von Schneeflocke gewesen, und daneben der von Kuni. Dort in der Ecke ... richtig! Der Rappwallach mit der breiten Blesse, wie hieß er nur ... Und da drüben ... ja, da drüben hatte *sie* gestanden! Neugierig trat Mascha heran. Über die Reste der Futterkrippe ragte schützend ein Stück Dach, das dem Einsturz getrotzt hatte. Der Boden war trocken, und aus dem Schutt, der sich über die vielen Jahre angesammelt hatte, ragte die Ecke einer ehemals schwarzlackierten Tafel heraus. Mascha versuchte, daran zu ziehen. Wie erwartet, rührte die Tafel sich nicht, und sie mußte geduldig mit einem Stück Holz die Erde ringsherum wegkratzen, bis sie den Schatz heben konnte.

Als Mascha die Tafel mit den kaum noch lesbaren Buchstaben in Händen hielt, spürte sie einen dicken Kloß in der Kehle. Es war, als riefe ihr die Freundin aus vergangenen Kindertagen einen Gruß zu, und sie meinte, ganz deutlich das dunkle, zärtliche Wiehern zu hören, das sich immer ein wenig wie ein Lachen angehört hatte. Mascha fuhr mit dem Zeigefinger an den verblichenen Buchstaben entlang: Tomate ... geboren ... Vater: Husar ... Mutter: Tamina ... Die Schrift war nur noch zu erraten, doch Mascha sah sie deutlich vor sich.

Aber da war noch etwas gewesen! Mascha ließ sich auf die Knie nieder und tastete die Mauer unterhalb der Futterkrippe ab. Tatsächlich, sie war nicht verschwunden – die mit einem Nagel mühsam in kindlich-steifen Buchstaben in den Putz geritzte Geheimbotschaft. Der wirkliche Name der tomatenroten Stute, den das kleine Mädchen seiner Freundin gegeben hatte: Goldfell.

Mascha war noch ein kleines Mädchen, als ihre Freundschaft mit der tomatenroten Stute begann. Und die Stute war bereits eine betagte Pferdedame, wenn man ihr das auch nicht anmerkte. Sie war arbeitswillig wie kaum ein anderes Pferd und von ungebrochener Kraft. Und nicht nur das: unter allen Stallgenossen war sie die klügste und gutmütigste. Wenn ein junges Pferd an die Deichsel gewöhnt werden sollte, spannte man es mit der erfahrenen Stute zusammen. Es schien, als ob ihre mütterliche Ruhe auf den ängstlichen Neuling überging, und nach wenigen Tagen legte er sich genauso willig ins Geschirr, wie seine ältere Gefährtin es tat.

Es war an einem Pfingstsonntag, als Mascha die Stute zu ihrer besten Freundin erkor. Borsowsky, der Gespannführer, hatte abends die Herde der Ackerpferde von der Koppel geholt, wo sie den Feiertag hatten genießen dürfen. Mascha hatte ihn begleitet und bat nun inständigst, sie auf einem der Pferde reiten zu lassen. Schließlich gab der Gespannführer lächelnd und mit einem übertriebenen Seufzen nach und hob das kleine Mädchen auf den Rücken der roten Stute. Mascha fühlte an den nackten Beinen die wunderbare Wärme, die von dem durchsonnten Fell der Roten ausging, grub selig ihre Finger in die dichte Mähne und genoß das sanfte, gleichmäßige Schaukeln bei den weitausgreifenden Schritten des Pferdes. Eine Welle nie zuvor gefühlter Zärtlichkeit durchströmte sie. Eine Freundschaft war geboren.

Von dem Tag an verbrachte Mascha jede freie Minute in der Nähe der Stute. Noch vor dem Frühstück schlüpfte sie aus dem Haus, um die Morgenfütterung der Pferde nicht zu verpassen. Sie bedrängte den gutmütigen Gespannführer, ihrer Freundin das Futter selbst bringen zu dürfen, auch wenn sie Mühe hatte, den flachen Korb mit dem Gemisch aus Hafer und Häcksel zur Krippe hinaufzustemmen und den Inhalt auszuschütten. Sie half, so gut sie konnte, frisches Stroh herbeizuschleppen und den Standplatz des Pferdes zu reinigen. Sie streichelte die Rote und sprach mit ihr, und die Stute senkte den Kopf und lehnte sich leicht an die Schulter des kleinen Mädchens. Wie samtweich ihr Maul war! Wie behutsam sie sich dem Gesicht ihrer kleinen Betreuerin näherte und ihr ins Gesicht blies. Und wie klug und verstehend war ihr Blick, wenn sie Mascha mit dunklen Augen ansah, als habe sie Kenntnis von allen Geheimnissen der Welt.

An einem Sommerabend nach dem Abendessen – Mascha ging inzwischen zur Schule – geschah es, daß die Stute Tomate einen neuen Namen bekam. Die Gespannführer waren längst in ihre Katen heimgekehrt und „die vom Schloß“, wie man die Gutsbewohner nannte, saßen auf der Terrasse und besprachen die Ereignisse des Tages. Mascha schlüpfte, wie stets um diese Zeit, in den Stall, in dem jetzt abendliche Stille herrschte, nur hin und wieder unterbrochen von einem Schnauben oder Scharren und leisem Strohrascheln. Sie kletterte neben der Stute auf den Rand der Futterkrippe und kraulte ihre Freundin zärtlich hinter den Ohren. Die Abendsonne schickte ihre letzten Strahlen durch das mit Spinnweben überzogene kleine Fenster, und im Licht dieser Strahlen leuchtete das Fell der Stute auf einmal auf wie reines Gold. Mascha war überwältigt.

„Du bist viel zu schön für so einen dummen Namen wie Tomate!“ erklärte sie feierlich. „Ab heute heißt du Goldfell! Das ist dein geheimer, dein wirklicher Name, auch wenn die anderen nichts davon wissen. Es ist ganz allein *unser* Geheimnis!“

Und die Stute brummte unter den streichelnden Händen des kleinen Mädchens wohlig, als hätte sie nun endlich den Namen, der ihr zukam.

Am nächsten Tag suchte Mascha aus ihren Schätzen – Dingen, die sie bei ihren Streifzügen durch Ställe, Hof und Felder fand – einen langen Nagel heraus, schlich sich, während die Gespanne auf dem Feld arbeiteten, in den Stall und ritzte den neuen Namen der Roten unterhalb der Futterkrippe in die Mauer: *Goldfell.*

Borsowsky gefiel der Eifer des Mädchens, das sich mit solchem Ernst im Stall zu helfen bemühte und sich geduldig alles erklären ließ. Er war selbst ein Pferdenarr, und so ließ er sich schnell überreden, Mascha auf dem Rücken Goldfells Reitunterricht zu geben. Die Eltern hatten ihr Einverständnis erklärt. Der Reitunterricht konnte natürlich nur am Wochenende stattfinden, da die Stute sonst ständig zur Landarbeit eingesetzt wurde. Sie arbeitete hart.

Mascha lernte schnell und saß bald sicher im Sattel. Und da sie nicht immer bis zum Wochenende warten wollte, ritt sie Goldfell bald auch, wenn die Stute vor dem Wagen ging.

„Wenn du so weitermachst“, meinte Borsowsky nickend, „wirst du bald das Gespann allein führen können, und ich kann mich zur Ruhe setzen!“

„Wenn ich groß bin“, antwortete Mascha nachdenklich, „soll Goldfell gar nicht mehr im Gespann gehen. Dann werde ich mit ihr nur noch spazierenreiten.“

„Warum sprichst du nicht mit deinem Vater?“ schlug der alte Gespannführer vor. „Wir haben genug Jungpferde auf dem Hof, die deine Stute ersetzen können. Sie ist ja ohnehin nicht mehr die Jüngste. Soll er sie dir als Reitpferd lassen.“

Noch am selben Abend trug Mascha den Eltern ihren Wunsch vor, und der Vater versprach, bis zu ihrem Geburtstag in ein paar Wochen darüber nachzudenken.

Doch es kam anders. Eines Tages erschienen Soldaten auf dem Hof. Sie ließen sich die Pferde vorführen, untersuchten ihren Gesundheitszustand, warfen einen Blick in die Papiere, um Alter und Abstammung zu überprüfen und nahmen schließlich alle Pferde, die nicht dringend zur Feldarbeit gebraucht wurden, mit. Jung, gesund und kräftig mußten sie sein und gute Nerven haben, so viel verstand Mascha, alles andere begriff sie nicht. Zitternd vor Angst und Schrecken sah sie zu, wie ihre Lieblinge auf große Lastwagen verladen wurden und vom Hof rollten. Noch lange, nachdem der Konvoi aus der Hofeinfahrt auf die Landstraße eingebogen war und sich langsam entfernt hatte, klang ihr das schrille Wiehern ihrer vierbeinigen Freunde in den Ohren.

Die Mutter verbarg ihr Gesicht schluchzend an der Schulter des Vater. Denn auch ihr Reitpferd, die braune Stute Pomona, hatten die Soldaten mitgenommen.

Mascha war entsetzt. „Warum dürfen die das tun, Papa? Warum nehmen sie uns die Pferde weg?“

„Es ist Krieg, Kind“, sagte der Vater grimmig. „Unsere Pferde müssen Soldat werden. So wie die jungen Männer, die nun vom Hof müssen. Wir können nichts daran ändern.

Sie brauchen die Pferde, um Kanonen zu ziehen und in unwegsamem Gelände, in dem ihre Lastwagen steckenbleiben würden, Material zu transportieren. Kriegsmaterial: Munition, Verpflegung, Geräte ..." Der Vater verstummte.

„Aber es sind doch *unsere* Pferde!"

„Im Krieg gelten andere Rechte. Wir können nichts dagegen tun!"

„Papa, ich bin so froh, daß Goldfell schon zu alt ist, um noch Soldat zu werden", sagte Mascha leise. „Sie kann nicht abgeholt werden!"

„Ja", antwortete der Vater bedrückt, „aber sie wird nun nicht dein Reitpferd werden können. Sie wird weiter als Ackerpferd arbeiten müssen."

„Ich weiß. Hauptsache, wir sind zusammen!" beteuerte Mascha.

Die Mutter sah auf und wischte sich die Tränen aus dem Gesicht. Sie umarmte den Vater. „Mascha hat recht. Ich will nicht undankbar sein. Hauptsache, wir sind zusammen", wiederholte sie die Worte ihrer kleinen Tochter.

In den kommenden Monaten veränderte sich viel auf dem Hof, auch wenn die Arbeit in gewohntem Rhythmus weiterging. Mascha hatte den Eindruck, als gingen alle wie auf Zehenspitzen, die Erwachsenen sprachen nur noch mit gedämpfter Stimme, und alle schienen auf etwas zu warten. Das Radio, das sonst nur wenig benutzt in der Ecke gestanden hatte, wurde zum Mittelpunkt ihres Lebens. Man sprach von denen, die „im Feld" waren. Mascha konnte sich nicht viel darunter vorstellen; sie ahnte nur, daß es schrecklich sein mußte. Hin und wieder kam einer der jungen Männer auf Urlaub. Sie trugen Uniformen, sprachen laut und unnatürlich, und wenn sie lachten, klang es so fremd, daß es Mascha weh tat. Manche sprachen gar nicht mehr.

Bei den Mahlzeiten erzählte der Vater, dieser oder jener sei gefallen, andere waren verwundet worden. Borsowskys Älterster kam auf zwei Krücken zurück, er hatte ein Bein verloren. Er durfte nun zu Hause bleiben. Der Vater gab ihm eine Arbeit im Gutsbüro. Borsowsky war froh. Besser ein Bein geopfert als das Leben, sagte er.

Von den Pferden kehrte keines zurück. Auch kein verwundetes Pferd.

Für die Männer, die nun Soldaten waren, kamen andere auf den Hof: Zwangsarbeiter. Männer und Frauen. Sie wohnten in einer Baracke mit vergitterten Fenstern und waren schweigsam und scheu. Untereinander sprachen sie polnisch, aber die meisten von ihnen sprachen auch deutsch, mit seltsam weichem Tonfall. Sie erschienen morgens in einer Marschkolonne auf dem Hof, durften nur unter Aufsicht arbeiten und marschierten abends zur Baracke zurück. Die Mutter versuchte ihnen ihr Leben zu erleichtern und brachte ihnen heimlich Lebensmittel. Das war gefährlich, denn es war streng verboten, und überall gab es Spitzel und Denunzianten.

Mit der Zeit jedoch lockerten sich diese strengen Vorschriften. Der Aufseher liebte es nicht, im Kalten herumzustehen, er schäkerte lieber mit den Mädchen in der Milchkammer oder war beim Schreiner in der Werkstatt. Die Polen begriffen, daß sie hier auf dem Hof niemanden zu fürchten brauchten und verloren etwas von ihrer Angst und Niedergeschlagenheit.

Einige waren unter ihnen, die gut mit Pferden umzugehen verstanden. Sie wurden jetzt als Gespannführer eingesetzt. Es gefiel Mascha, daß sie nicht gefühllos auf die Pferde eindroschen und brüllten, sondern sie mit Achtung und Verständnis behandelten. Borsowsky freundete sich schnell mit den neuen Männern an; für ihn zählte ohnehin nicht, woher einer kam. Nur seine Liebe zu den Pferden – die machte einen Menschen aus!

Mehr denn je hielt sich Mascha bei Goldfell auf. Sie hatte das Putzen und Füttern der Stute und ihres Gespannkameraden, des Rotschimmels Andreas, übernommen. Auch wenn es nun keine Reitstunden mehr gab – allenfalls nach einem langen Arbeitstag der Ackerpferde einen Ritt in den Teich oder an Sonntagen einen Galopp zur Koppel hinaus, auf dem blanken Pferderücken –, was machte das schon! Sie war bei den Pferden, also war sie glücklich. Und Arbeit gab es genug. Da waren Fohlen zu versorgen, Geschirre zu putzen, der Stall sauberzuhalten, kleine Verletzungen zu behandeln – Mascha entwickelte sich bald zu einer guten Pferdepflegerin.

In dieser Zeit gewann sie einen neuen Freund, Tomek. Obwohl er noch ein Junge war, arbeitete er als vollbeschäftigter Stallhelfer auf dem Hof. Und er verstand seine Arbeit. Mascha hatte ihn zunächst mit Mißtrauen beobachtet, denn Tomek sah sie auf eine Weise an, die sie verlegen und wütend machte. Er war ein gutaussehender Junge, blond, mager und mit großen grauen Augen. Eigentlich schien er zu zart für die Arbeit im Stall zu sein, aber Mascha stellte bald fest, daß Tomek über erstaunliche Kräfte verfügte. Wenn ihre Arme vom Stemmen der schwer beladenen Heugabeln kraftlos herabsanken, griff Tomek zu und warf die Last so leicht in die Futterraufen hinauf, als handele es sich um Bälle aus zerknülltem Seidenpapier. Wenn sie versuchte, die mit Pferdemist hoch gefüllte, zentnerschwere Schubkarre im Gleichgewicht zu halten, nahm er sie ihr ab und schob sie mit federnden Schritten über das schmale Brett auf den Misthaufen hinauf, so daß man meinte, einen Seiltänzer vor sich zu haben.

Noch etwas fand Mascha an Tomek bemerkenswert. So wie sie Goldfell liebte, schien er den trägen, gutmütigen Rotschimmelwallach Andreas zu lieben, der neben Goldfell im Gespann ging und wegen seiner Faulheit von sich reden machte.

„Du scheinst den alten Faulpelz besonders gern zu haben", stellte Mascha eines Tages beim Ausmisten fest, als Tomek nicht aufhören wollte, Andreas zu streicheln und zu klopfen.

„Stimmt. Du nicht?"

„Schon. Nur wenn er Goldfell die ganze Arbeit allein machen läßt, ärgere ich mich über ihn. Schließlich ist er jung und stark und sie schon alt ..."

„Das zeigt doch nur, daß er klug ist", erwiderte Tomek lachend. „Er weiß, wie man am besten durchs Leben kommt!"

„Aha. Das habt ihr wohl gemeinsam, wie?"

„Vielleicht!" sagte Tomek nur.

Eines Abends schlich sich Mascha – wie immer vorm Zubettgehen – noch einmal zu Goldfell, um ihrer Freundin gute Nacht zu sagen und ihr einen Apfel und ein paar trockene Brotstücke zu bringen. Als sie sich dem Standplatz der Stute näherte, hörte sie ein Flüstern, unterbrochen von heiserem, unterdrücktem Schluchzen. Vorsichtig trat sie näher. Tomek! Er war im Halbdunkel kaum zu erkennen, so eng hatte er sich an Andreas gelehnt. Sein rotblondes Haar schien mit der dichten Mähne des Pferdes zu verschmelzen, seine Arme umklammerten den Hals des Wallachs.

„Andrzej ... Andrzej ...", flüsterte Tomek unter Tränen, und es folgten abgehackte, verzweifelte Sätze in Polnisch, die Mascha nicht verstand und die ihr trotzdem niemand zu übersetzen brauchte.

Leise trat sie an den Jungen heran und berührte seine Schulter. Tomek zuckte zusammen.

„Warum nennst du ihn Andrzej?" fragte sie. „Und ... und warum bist du so traurig? Ist etwas passiert?"

Tomek schüttelte unwillig ihre Hand ab. „Laß mich. Das geht dich nichts an!"

„Aber ich will nicht, daß du unglücklich bist, Tomek! Bitte! Sag es mir doch. Vielleicht kann ich dir helfen!"

Tomek räusperte sich heftig und fuhr sich mit dem Ärmel übers Gesicht. Immer noch drehte er ihr den Rükken zu. Er zögerte lange, bevor er sprach. „Andrzej ... Andrzej war unser Pferd. Zuhause. Er gehörte mir. Ein Schimmel, er sah ihm ähnlich ..."

„Du hast ein Pferd gehabt?"

Maschas Stimme schien überrascht gewesen, denn Tomek lachte bitter auf.

„Das kannst du dir natürlich nicht vorstellen, wie? Wir haben vieles gehabt, was du nicht weißt. Was ihr alle hier nicht wißt!"

„Aber nein, ich glaube es dir ja! Ich weiß doch überhaupt nichts von dir! Erzähl mir von Andrzej!“

„Nein“, sagte Tomek hart und versuchte, sich an ihr vorbei nach draußen zu schieben.

Mascha hielt ihn auf. „Warum nicht?“

„Ich will nicht. Erzählen ... das ist zu nichts gut. Man muß vergessen können!“

„Aber warum?“ Sie verstand es nicht.

„Weil man es sonst nicht aushält!“

Mascha fragte nicht weiter. Sie drückte Tomek die Hälfte der Leckerbissen in die Hand, die sie für Goldfell mitgebracht hatte, dann begann sie, die Stute zu füttern. Tomek starrte verwirrt auf die Schätze, und für einen Augenblick meinte Mascha, er würde am liebsten selbst das trockene Brot hinunterschlingen. Doch dann gab er es dem Schimmel und kraulte ihm sanft die Ohren, während Andreas genüßlich kaute.

Von diesem Tag an achtete Mascha darauf, daß sie immer etwas zu essen bei sich trug, um es unauffällig mit Tomek zu teilen. Auf dem Hof merkte man nicht so viel von den Einschränkungen, die den Menschen in der Stadt auferlegt waren; doch in der „Polenkaserne“, wie die Baracke genannt wurde, waren die Lebensmittel streng rationiert.

Wo es ging, richtete Mascha es ein, daß sie mit Tomek zusammenarbeitete. Der Herbst kam, und mit ihm die Kartoffelernte. An den Wegrändern glosten die Kartoffelfeuer, und Tomek holte für sie die schwarzgerösteten Knollen aus der Glut. Lachend wärmten sie sich die Hände daran und verzehrten sie dann wie die größte Köstlichkeit. Kalte Nebel krochen über das Land, und aus den Nüstern der Pferde stiegen Wolken weißen Dampfes, wenn sie sich schwer ins Geschirr legten. Scharen von Saatkrähen folgten den Landmaschinen bei der Feldbestellung. Weißkohl und Futterrüben wurden eingebracht; Zuckerrüben mußten zum Verladen zur Bahnstation gefahren werden.

Mit dem Winter kam die Arbeit im Wald, doch da die Tage kurz waren, brach für die Pferde nun die ruhigste Zeit des Jahres an. Mascha und Tomek verbrachten viele Stunden im Stall. Jetzt war Gelegenheit für Reparaturarbeiten. Borsowsky zeigte ihnen, wie man zerrissene Geschirre flickt, Beschläge und Trensen erneuert und Stallfenster gegen die Kälte abdichtet.

Vom Krieg sprachen sie selten. Er war allgegenwärtig in den Radionachrichten und der Unterhaltung der Erwachsenen. Und er war alltäglich im drohenden Brummen feindlicher Bomber, die hoch am Himmel über sie hinwegzogen auf dem Weg zu den großen Städten. Sie gewöhnten sich daran. Nein, Mascha und Tomek dachten nur selten an den Krieg. Sie dachten an die Pferde, an Fohlen, die bald geboren werden sollten. Und an den Frühling.

Etwas, das sie trennte, war die Schule. Jeden Morgen um halb sechs verließ Mascha das Haus und radelte die fünf Kilometer zur Bahnstation hinüber, um in die Kreisstadt zum Lyzeum zu fahren. Kam sie am Nachmittag zurück, führte ihr erster Weg in den Stall.

„Ich beneide dich, Tomek, daß du den ganzen Tag hier sein kannst!“ sagte Mascha manchmal.

„Und ich beneide dich, Mascha, daß du in die Schule gehen und lernen kannst. Und nicht ein Dummkopf bleiben mußt wie ich!“

„Was brauch ich denn mehr zu wissen, als wie man mit Pferden umgeht!“

Tomek antwortete nicht. Und Mascha begann, ihm Bücher zu bringen; sie gewöhnte sich an, ihre Schulaufgaben in der Sattelkammer zu machen. Oder sie saß mit angezogenen Beinen auf der Haferkiste und erzählte, was sie im Unterricht an Interessantem erfahren hatte. Nur von Dingen, die sie haßte, sprach sie nicht. Vom Geschichtslehrer Schreier etwa, der in Parteiuniform unterrichtete und die Klasse exerzieren ließ. Vom Fahnenappell erzählte sie nicht und auch nicht von den ständigen Sticheleien der anderen Mädchen, weil Mascha vom Dienst in der Hitlerjugend befreit war, da sie zwanzig Kilometer entfernt wohnte. Sie brauchte nicht zum BDM. Dinge, die ihr das Leben schwermachten, besprach sie höchstens mit Goldfell, der Stute schüttete sie heimlich ihr Herz aus.

Der Frühling kam. Im Park um das Gutshaus blühten Hunderte von Osterglocken, und die Bäume schmückten sich mit zartgrünen Schleiern. Von neuem begann die Zeit der Feldarbeit für die Ackerpferde. Mist wurde ausgefahren und auf den Koppeln verteilt, Gerste und Hafer gesät, Kartoffeln eingelegt. Wenn Mascha aus der Schule kam, sah sie schon von der Chaussee aus Goldfell vor der Sämaschine oder Egge gehen, in ihrem unverwechselbaren, weitausgreifenden, gleichmäßigen Schritt. Und wie immer ein Stück hinter ihr ging Andreas, der sich vor der Anstrengung des Ziehens zu drücken versuchte, ungeduldig angetrieben von Borsowsky. Wenn Mascha dann das Fahrrad in den Chausseegraben warf, zu den Gespannen hinüberlief, und Borsowsky ihren Besuch zu einer kurzen Verschnaufpause nutzte und sich seine Pfeife ansteckte, strich sie zärtlich über das feuchtwarme Fell der Stute. Es hatte jetzt nicht mehr den leuchtenden Goldton, sondern war mit winzigen weißen Haaren durchsetzt. Auch am Kopf sah man nun die Spuren des Alters, die greise Pferdedame wurde grau. Doch ihrem Arbeitswillen und der wachen Aufmerksamkeit, mit der sie in die Welt sah, schienen die Jahre nichts anhaben zu können.

Gab es etwas auszufahren oder von der Bahnstation zu holen, durfte Mascha nun schon einmal allein anspannen und ins Dorf kutschieren. Diese Ausflüge liebte sie. Wenn Tomek nichts Wichtiges im Stall zu tun hatte oder es Säcke mit Saatgut oder Dünger abzuholen galt, die Mascha nicht heben konnte, fuhr der junge Pole mit. Man hatte sich daran gewöhnt, die beiden zusammen zu sehen, und da sie nichts als die Pferde und ihre Arbeit im Kopf zu haben schienen, nahm man es hin.

Doch irgendwann veränderte sich etwas. Die Leute begannen zu reden. Die kleine Mascha vom Schloß und der Polenjunge ..., daß der Gutsherr das erlaubte! Und die Frau Baronin erst ... Das war nicht in Ordnung. Man müßte das melden! Ein Polack aus der Baracke! Ein Ostarbeiter! Andere beruhigten die erregten Gemüter: sind doch noch Kinder, alle beide. Und so fleißig. Aber das Mißtrauen blieb, und auch Neid und Mißgunst.

Mascha ahnte nichts von alledem, und auch die Eltern

überhörten diese Dinge. Tomek und seine Mutter, zur Zwangsarbeit verurteilt, nachdem der Vater im Gefängnis umgekommen war, stammten vom Land, sie hatten einen kleinen Hof gehabt, das hatten sie erfahren. Man konnte zwar wenig für sie tun, aber ihnen ihr Los erleichtern, das wollten sie, so gut es ging. Und ihre Menschenwürde zu achten, gehörte zu dem wenigen, was man tun konnte, auch wenn sich die Familie deshalb zunehmend Angriffen ausgesetzt sah.

Es wurde Sommer, und die Hitze lag schwer über dem reifenden Korn. Spatzen flogen in Scharen über die Ähren hin und fanden reiches Futter. Auf den Koppeln spielten die Fohlen, galoppierten auf ihren staksigen Beinen um die Wette. Doch die friedliche Stimmung täuschte. Schwere Bombergeschwader flogen nun auch am Tage Angriff auf Angriff, ihr beängstigendes Dröhnen ließ die Luft erzittern. Auch wenn die feindlichen Flugzeuge hier auf dem Land vorerst niemanden behelligten, eine Ahnung von Tod und Gefahr lag in der Luft. Die Gesichter der Menschen verloren alle Fröhlichkeit, mit gedämpften Stimmen sprachen sie über die näher rückende Bedrohung.

Es war an einem heißen Julitag, als Mascha und Tomek den Auftrag bekamen, anzuspannen und mehrere Kisten Gemüse zur Bahnstation zu fahren. Borsowsky hatte die beiden Jungpferde vor die Mähmaschine gespannt, so konnten Mascha und Tomek mit Goldfell und Andreas fahren. Der Kastenwagen war bereits mit Kisten voll grüner Bohnen, Möhren und Salat beladen.

Sie hatten ihren Auftrag schnell ausgeführt und waren bereits auf der Heimfahrt, als Mascha plötzlich sagte: „Laß uns den Umweg am Strand entlang machen. Wir sind früh dran. Da können wir mit den Pferden schnell mal ins Wasser. Ich war so lange nicht am Meer!"

„Und wenn sie es merken? Ich werde eine Menge Ärger kriegen!" wandte Tomek ein.

„Das nehme ich auf mich!" Sie nahm Tomek die Zügel aus der Hand und lenkte das Gespann in einen Feldweg. „Ich habe dich einfach dazu gezwungen!"

Sie brauchten nicht weit zu fahren. Hinter den Dünen spannten sie aus und schwangen sich auf die ungesattelten Pferde. Die Dünen waren an dieser Stelle kaum höher als der Misthaufen auf dem Hof. Einsam lag der Strand vor ihnen. Das Meer war ruhig an diesem Julitag, so als wäre den Wellen in der Mittagshitze jede Bewegung zuviel. Im Schritt ritten Mascha und Tomek ins Wasser. Goldfell und Andreas stampften begeistert, so daß das kalte Wasser hoch aufspritzte und ihre Reiter in Sekundenschnelle durchnäßt waren. Mascha lachte, es klang wie ein Jubelschrei. „Komm, reiten wir ein Stück am Strand entlang!"

Der feuchte Sand flog unter den Hufen auf, er bot eine feste und zugleich elastische Unterlage, der die Pferde unaufgefordert zu einem langgestreckten Galopp lockte. Mascha beugte sich weit auf den Hals der Stute vor. Sie konnte sich nicht erinnern, jemals so ein starkes Glücksgefühl empfunden zu haben – und ihrer Stute schien es ähnlich zu gehen. Mascha spürte, wie Goldfell sich unter ihr streckte und die Freiheit der Bewegung genoß.

„Schau dir unseren Faulpelz Andrzej an!" rief Tomek.

„Ich habe gar nicht gewußt, daß er so laufen kann! Das gefällt ihm!“ Auch Tomeks Stimme war froh, so wie Mascha sie nur selten gehört hatte. Vielleicht, dachte sie, werde ich nie in meinem Leben wieder so glücklich sein. Ich will es festhalten und nicht vergessen, niemals.

Ihr Ausflug blieb unbemerkt, denn auf dem Hof herrschte tiefe Bestürzung. Der Gutsherr hatte den Gestellungsbefehl bekommen, er mußte an die Front, „in die vorderste Linie“, wie es hieß. Ein Strafkommando? Von anonymen Anzeigen wurde gemunkelt, auch wegen der guten Behandlung der Polen. Mit gesenkten Köpfen gingen die Erwachsenen durchs Haus, und die Mutter packte hastig zusammen, was der Vater ins Feld mitnehmen sollte.

Mascha wurde von lähmendem Schrecken ergriffen. Das Meer, der Strand, dieses Gefühl von Freiheit und Freude ... es war, als fiele hinter allem eine schwere, eiserne Tür ins Schloß.

„Paß auf Mama auf, Mascha“, sagte der Vater leise, als er sie zum Abschied an sich drückte. „Ich komme gewiß bald wieder nach Hause!“

Sie sahen sich nicht an, und sie glaubten beide nicht an diese Worte.

„Ich werde gut auf sie aufpassen, Papa, und auch auf die Pferde, das verspreche ich dir!“

Der Vater drückte sie noch einmal an sich. „Ich weiß.“

An diesem Abend weinte Mascha lange an Goldfells Hals. Und die Stute ließ ihren Kopf schwer auf die Schulter des Mädchens sinken, als trauere sie mit ihr.

Auf dem Hof ging die Arbeit weiter wie bisher. Jeder bemühte sich, so gut er konnte, die Lücke zu füllen, die die

Abwesenheit des Vaters gerissen hatte. Jetzt ließ sich die Bedrohung des Kriegsgeschehens nicht mehr verdrängen, sie stand vor der Tür.

Die Ernte wurde eingebracht. Das heiße Hochsommerwetter hatte die Arbeit begünstigt, nur noch ein Weizenschlag wartete darauf, daß die zu Hocken aufgestellten Garben in die Scheune gefahren wurden.

Mascha hatte Sommerferien. Sie arbeitete von morgens bis abends mit auf dem Feld. Von Borsowsky hatte sie das Gespann Goldfell und Andreas übernommen. Der alte Gespannführer selbst hatte nun die Jungpferde vor dem Wagen. Insgesamt waren es fünf Gespanne, die vor den großen Leiterwagen im Wechsel hinaus aufs Feld fuhren, wo ein Dutzend Landarbeiterinnen die Garben mit der Forke aufspießten und schwungvoll auf den Wagen warfen. Dort schichteten andere sie kunstvoll auf, zu einer hohen, schwankenden Last. Im Schritt ging es zum Hof zurück, wo andere Arbeiter in der Scheune darauf warteten, die Fuhre zu entladen. Und schon ging es im Trab, den polternden, hüpfenden Wagen hinter sich, zurück aufs Feld.

Mascha mochte die Arbeit. Und Goldfell schien es nicht anders zu gehen, so als wüßte sie, worauf es jetzt ankam. Mascha saß auf dem Rücken der Stute und spürte, wie kraftvoll sich die Pferdemuskeln spannten, wie energisch sich Goldfell ins Geschirr legte, während Mascha alle Mühe hatte, den neben ihr gehenden Andreas zur Arbeit anzutreiben.

Tomek war unter den Arbeitern auf dem Feld. Hin und wieder trafen sich ihre Blicke in stillem Einverständnis. Am Abend würden sie mit den Pferden in den Teich reiten, froh über die eingebrachte Ernte. Und dann in der Dämmerung vorm Stall sitzen, den schwermütigen Liedern und den Klängen des Akkordeons lauschen, die von der „Polenkaserne“ herüberkamen.

Borsowsky sprach es als erster aus. „Sieht nicht aus, als ob wir's schaffen würden. Da kommt ein schweres Gewitter rauf!“

„Wir müssen es schaffen!“ Sie wußten, wie wichtig diese Ernte für die Versorgung war. Es war Krieg. Sie arbeiteten schneller. Schweißüberströmt glänzten die Gesichter, Hemden, Blusen und die weiten Röcke der Frauen klebten an den Körpern, niemand sprach mehr, kein Gedanke war mehr in den Köpfen als nur der eine: wir müssen es schaffen! Mit lautem Rufen und Peitschenknallen wurden die Gespanne vorangetrieben; nicht mehr im Trab, im Galopp ging es jetzt mit den leeren Leiterwagen wieder aufs Feld.

Mascha schien es wie ein Rausch, in dem sich alle befanden. Keiner achtete mehr auf schmerzende Muskeln, auf vom Staub ausgetrocknete Kehlen und das Brennen, das der salzige Schweiß in den Augen hinterließ. Hinaus und sich eingereiht in die Kette, schon fliegen die Garben durch die Luft, packen die Arme Bündel um Bündel und schichten sie auf, ein Ruf – und zurück geht's in raschem Schritt zum Hof hinüber, die Pferde, von weißem Schaum bedeckt, tropfend vor Nässe, stemmen sich heftig keuchend und schwer stampfend unter der Last des Ziehens in den Boden.

Goldfell war unermüdlich. Als hätte die Stute die drohende Gefahr begriffen, war sie den anderen immer ein Stück voraus. Sie zog an, noch bevor sie den Befehl bekommen hatte, legte sich so heftig ins Geschirr, daß die Zugleinen zu reißen drohten, und Andreas zog mit, als wäre von ihrer Entschlossenheit ein Funke auf ihn übergesprungen.

„Goldfell, meine Schöne, Kluge, mein altes Mädchen, wir schaffen es! Nur noch eine Fuhre! Nur eine noch!"

Schon verdunkelte sich der Himmel, bleigraue Wolkenberge schoben sich näher. Die Sonne verschwand und machte einem giftgelben Licht Platz, das sich wie eine Bedrohung über das Land legte. In der Ferne zuckten erste Blitze, Donner grollte wie dumpfer Trommelwirbel. Ein heftiger Windstoß wirbelte Säulen aus Staub auf.

„Die letzte Fuhre, Goldfell, gleich kannst du ausruhen. Noch ein paar hundert Meter, und wir haben es geschafft, meine Freundin ..."

Krachend schlug der Sturm das Scheunentor hinter ihnen zu, als der Wagen auf der Tenne hielt. Mascha sprang zu Boden.

„Kannst gleich ausspannen", sagte Borsowsky. „Jetzt haben wir Zeit, der Wagen kann stehenbleiben!"

Geschafft! Frauen und Männer hatten plötzlich ihre Sprache wiedergefunden. Eine Schnapsflasche kreiste, alle waren erleichtert. Borsowsky öffnete Mascha das Scheunentor, gegen den Sturm brauchte er alle Kraft, und sie führte das Gespann zum Pferdestall hinüber. Goldfell stolperte vor Erschöpfung, sie konnte sich kaum noch auf den Beinen halten. Als sie die Stalltür erreichten, brach über ihnen mit Hagel und peitschenden Regengüssen das Gewitter los. Am Wallgraben fuhr krachend ein Blitz in den Zaun einer der Weiden.

Auf der Stallgasse nahm Mascha der Stute schnell das schwere Geschirr ab, und mit einem Rest von Würde, so erschien es dem Mädchen, schritt Goldfell langsam und seltsam steif zu ihrem Platz. Mascha folgte ihr mit einem Eimer Wasser, es war lauwarm von der Sommerhitze und würde der Stute nicht schaden. Neben ihr kümmerte sich Tomek um Andreas.

„Sie will nichts trinken, verstehst du das?“

„Sie wird zu müde sein. Reib sie gut ab, vielleicht macht sie das wieder munter!“

Aber auch danach nippte Goldfell nur an dem dargebotenen Wasser und schnoberte lustlos an der Krippe, die mit Hafer gefüllt war. Mascha hörte nicht auf, ihre Freundin mit einem trockenen Strohwisch kräftig zu massieren. Goldfell ließ sich mit einem Stöhnen nieder und streckte sich aus wie jemand, der sich nach einem langen, mühevollen Arbeitstag mit einem schweren Seufzer ausruht. Mascha kniete sich neben die Stute und streichelte ihr sanft den Kopf.

„Schlaf, Goldfell, jetzt kannst du ausruhen. Die Sommerarbeit ist getan. Und morgen ist Sonntag, da kommst du den ganzen Tag auf die Koppel ... Tomek!“ Obwohl Mascha flüsterte, klang es wie ein Schrei. „Ihre Augen ... und Tomek ... ich glaube, sie atmet nicht mehr! Ist sie tot?“ Ihre Stimme war tonlos.

Tomek beugte sich zu der Stute hinunter und befühlte Schläfen und Hals. „Ja, Mascha. Sie ist tot. Sie ist eingeschlafen. Siehst du, wie zufrieden sie aussieht? Sie wird glücklich sein, dort, wo sie jetzt ist ...“

Mascha schwieg. Sie spürte nicht, wie ihr die Tränen

6 10302-6

über das verschwitzte Gesicht liefen und kleine Rinnsale in dem Staub auf ihrer Haut hinterließen. Mechanisch streichelte sie weiter den Kopf und die Mähne der Stute. Tomek legte ihr den Arm um die Schultern. Lange saßen sie so und schwiegen. Von der Scheune her drang Geschrei und Gelächter, da feierten sie die eingebrachte Ernte, während das Gewitter langsam weiterzog.

„Es ist gut so“, sagte Tomek schließlich. „Alles wird jetzt zu Ende gehen. Sie wird nicht mehr erleben, wie schrecklich der Krieg ist. Und daß du vielleicht fortmußt von hier. Und ich wieder nach Hause zurückkann ...“

„Du? Nach Hause?“ Sie hatte sich nie klargemacht, daß Tomek hier nicht zu Hause war. Daß er eine Heimat hatte, in die er sich zurücksehnte, ein Land, das nicht das ihre war.

Daß sie selber fortsollte ... Mascha wagte diesen furchtbaren Gedanken nicht weiterzudenken. Fortgehen. Fort von zu Hause. Nie durfte das geschehen! Und doch, tief in ihr war die Gewißheit, daß Tomek recht hatte. Sie wußten es ja alle, Maschas Familie, und die Leute auf dem Gut. Und sie wußte auch, daß mit Goldfells Tod wirklich etwas zu Ende gegangen war. Und daß nun nichts mehr so sein würde wie früher.

„Aber wie soll ich dich wiederfinden, Tomek? Ich meine, wenn du weggehst Wir gehören doch zusammen!“

Tomek nickte hilflos. Er schwieg eine Weile, dann sah er ihr ernst in die Augen. „Weißt du“, sagte er in einem Ton, als müsse er sich selbst überzeugen, „ich glaube, wenn man sich liebhat, findet man sich immer wieder. Egal, was passiert!“ Er neigte sich zu ihr, und über den

Hals der Stute hinweg, die da lag wie in tiefem Schlaf, gab er ihr ganz schnell einen Kuß auf den Mund. Dann lief er davon.

Mascha blieb noch lange bei der toten Stute sitzen. Tränenlos jetzt, streichelte sie zart die dichte Mähne und den rötlichen Stirnschopf. Es war ein Abschiednehmen, nicht nur von der roten Stute. Es war auch ein Abschied von allem, was bisher ihre Sicherheit und Geborgenheit gewesen war. Die Kindheit in dem großen alten Stall des Gutes.

„Mascha? Wo steckst du?"

Mascha hörte nicht. Sie fuhr noch einmal die Spuren der kindlichen Schrift im Mauerwerk entlang. *Goldfell.* Und Tomek. Lange hatte sie um beide geweint. In den schlimmen Tagen der Flucht und den Jahren der Not, die dann kamen. Wie lange hatte sie nicht mehr an Tomek gedacht! Was mochte aus ihm geworden sein? Sie hatten nie mehr etwas von ihm gehört. Mascha sah sein schmales Gesicht mit den großen grauen Augen, der leicht nach oben gebogenen Nase, sah sein Lächeln mit dieser Spur von Trauer darin. Und sie hörte ihn sagen: Man muß vergessen können, Mascha. Sonst hält man es nicht aus.

Aber man muß sich auch erinnern, dachte sie. Es ist wichtig.

„Mascha! Hier bist du. Das hätte ich mir denken können. Dein Mann und die Kinder warten im Wagen!" Er lächelte. „Der Wind hier ist ihnen zu kräftig!" Der alte Herr tastete sich vorsichtig über Schutt und zerbrochene Holzbalken zu ihr hin.

„Nicht, Papa, es ist zu gefährlich! Warte, ich komme schon!“ sagte sie.

„Hast du Erinnerungen gefunden?“ Forschend sah er sie an. „Sechs Gespanne haben hier einmal gestanden. Borsowskys Stolz! Und unsere Reitpferde! Deine Fuchsstute, die du so liebtest. Kind, das ist so lange her!“

„Ja“, sagte Mascha leise. „Das ist lange her.“

In der Pußta

Ihre Haut brannte wie Feuer. Sonnenbrand, und das nach drei Wochen Pußta. Susanne warf sich unruhig im Bett herum. Durch das offene Fenster drangen Schreie und Gelächter und das unvermeidliche Wimmern der Geigen. Talmi, das alles! dachte sie zornig. Operettenzauber für die Touristen. Kesselgulasch, Tokayer und Tanz zur Zigeunermusik, den Flirt mit den für diesen Zweck in alte Trachten gesteckte Hirten inbegriffen. Und irgendwo dazwischen Janos. Das gehörte zum Dienst, es war Gästebetreuung. Vermutlich schwenkte Janos die dicke Frau aus Wuppertal herum, die tagsüber auf dem Pferderücken hing wie ein Kartoffelsack und die Gruppe mit ihren Ausführungen darüber nervte, wie weit sich ihr Fett bereits in Muskelmasse verwandelt hatte.

Susanne setzte sich heftig im Bett auf. Es war unmöglich, bei diesem Lärm zu schlafen. Und sie wollte morgen früh gegen sechs Uhr aufbrechen, wenn einen die Hitze noch nicht so bedrängte. Obwohl sie zugeben mußte, daß sie diesen Brutofen, zu dem die Pußta tagsüber werden konnte, gut ausgehalten hatte. Nach drei, vier Tagen der Eingewöhnung hatte sie sich so wohl gefühlt wie sonst nie. Lebendig und ganz klar im Kopf.

Bis auf heute. Aber das war alles anders gewesen. Janos und sie hatten qualvoll lange da draußen bei den Graurindern an der Tränke gesessen und geredet. Und sie war so unglücklich gewesen, daß sie das zunehmende Brennen auf der Haut gleichsetzte mit dem Brennen in ihrem Inneren, der Verzweiflung, die es ihr schließlich unmöglich gemacht hatte, noch ein Wort zu sagen. Ihre Kehle war ein einziger krampfender Schmerz gewesen.

Janos hatte versucht, sie zum Bleiben zu überreden. Sie hatte ihre Gegenargumente gebracht, doch er hatte ihr gar nicht richtig zugehört. Und am Schluß hatte er ganz einfach gesagt: „Ich will, daß du bleibst. Du gehörst hierher. Wir werden heiraten und auf meinem Hof gemeinsam Pferde züchten und ausbilden." Da hatte sie nur stumm den Kopf geschüttelt und war gegangen.

Wie stellte er sich das vor? Sie hatte eine gute Stellung, hatte Verantwortung, hatte endlich auch eine eigene Wohnung, die sie mochte. Nun gut, sie hatte keine richtigen Freunde, nach der Trennung von Dirk hatten sich die meisten auf seine Seite geschlagen. Kein Wunder, bei ihm war immer etwas los. Sie dagegen war mit ein paar Büchern und ein bißchen guter Musik vollauf zufrieden, und froh, wenn sie ihre Ruhe hatte. Und ihre Familie? Der Kontakt bestand nur noch aus ein paar Anrufen und Kartengrüßen zu besonderen Anlässen, seitdem die Mutter tot war.

Nein, ihre Familie und ihre Freunde waren die Kollegen, waren die Aufgaben, die man ihnen stellte, Werbekonzepte für ein neues Produkt – oder ein altes, dem man wieder auf die Beine helfen sollte. Das Team war alles. Und für die einsamen Abende und Wochenenden hatte sie das Reiten. Natürlich kein eigenes Pferd, auch kein Gelände, durch das man endlos reiten konnte, nur die paar Wege im öffentlichen Park, die den Reitern vorbehalten waren. Aber es war besser als nichts. Für andere, die nicht vom Lande kamen und ihre Kindheit auf dem Pferderücken verbracht hatten, war es sogar alles, was sie sich erträumten. Das waren die, denen es um die Leistungen ihres Pferdes ging, um Turniersiege und den Aufstieg in die nächsthöhere Klasse. So etwas hatte sie nie gelockt. Reiten mußte etwas mit Freiheit, mit Weite zu tun haben, und vor allem mit Freude! Mit der Freude des Pferdes, und dann erst mit der des Reiters.

Deshalb hatte sie auch diesen Urlaub gebucht. Reiterferien in einem ungarischen Schloßhotel mit dazugehörigem Gestüt. Daß die Reise nicht ganz ihren Erwartungen entsprochen hatte, war nicht die Schuld des Veranstalters. Sie war eben ein unverbesserlicher Individualist und mit Pußta-Romantik laut Katalog nicht zufriedenzustellen. Aber das war kein Problem gewesen. Unter den jungen Betreuern – sie waren Pferdepfleger, Reitlehrer und Animateure zugleich, die von morgens bis abends um das Wohl der Touristen bemüht waren, hatte es diesen einen gegeben. Janos, der sie von Anfang an richtig eingeschätzt hatte. Vielleicht weil er selbst die ihm aufgezwungene Rolle nur ungern spielte. Ganz offensichtlich lag ihm mehr an Pferden als an Menschen. Und ihre Neigung, sich von dem organisierten Betrieb zurückzuziehen, Stunden bei der Herde zu verbringen, einfach dazuhocken wie ein Teil der Natur, ein Baumstumpf oder Stein, und den Pferden schweigend zuzuschauen, hatte ihn bald auf sie aufmerksam gemacht.

Dort bei der Herde waren sie ins Gespräch gekommen. Sie hatte gefragt, und er hatte ihr von den einzelnen Tieren erzählt. Später hatte er ihr ein Pferd zum Reiten ausgesucht. Einen temperamentvollen, sensiblen Fuchswallach, der außergewöhnlich intelligent war, und mit dem sie sich schnell angefreundet hatte.

Von dem Tag an hatte sie im Stall mitgearbeitet. Sie hatte beim Putzen, Ausmisten und Satteln geholfen, hatte Anfängern bei ihren ersten Reitversuchen geholfen und sich bald gefühlt, als gehöre sie immer schon in dieses Land.

War die Gruppe mit Ausflügen in die Stadt oder Besichtigungstouren beschäftigt, dann war Janos mit ihr hinaus in die Pußta geritten, hatte sie zu den echten Hirten geführt, die nicht in malerischen Trachten ihre Schafe und Rinder hüteten, zu den Bauern, die Mais und Sonnenblumen anbauten und arbeiteten wie andere Bauern auch. Sie hatte mit ihnen gegessen und getrunken, Brot und Schafskäse aus der Hand, mit rohen Zwiebeln vom eigenen Land, und selbstgebrannten Schnaps.

Janos war keiner, der viel sprach. Doch er durchschaute die Dinge, und wenn er etwas sagte, dann schienen seine Sätze wie aus der Ewigkeit zu kommen und auch für alle Ewigkeit gültig zu sein. Es gab nie etwas Überflüssiges bei ihm, weder in seinen Worten, noch in dem, was er tat.

Eigentlich hatte sie nur eine Woche bleiben wollen. Es waren drei geworden. Daran war auch Komojtalan schuld, der Fuchs, den sie ritt, und mit dem sie bald eine innige Freundschaft verband. Was der Name – sie hatte Mühe, ihn richtig auszusprechen – bedeutete, hatte sie gefragt, und nur eine ungenaue Antwort bekommen. Einer, der Späße macht, den man nicht ganz ernst nehmen kann, der anderen Streiche spielt. Als Fohlen hatte sich der Fuchs diesen Namen verdient, weil er ständig etwas verschwinden ließ, ob es nun eine Bürste, ein Lappen, das Frühstücksbrot eines Pflegers oder eine Zeitung war. Er hatte Eimer und Einkaufsnetze verschleppt, Stiefel versteckt und Wäsche von der Leine entführt.

Weil sich Susanne mit dem ungarischen Komojtalan so schwer anfreunden konnte, hatte sie ihm einen deutschen Namen gegeben: Kobold. Der Fuchs war zufrieden damit, zumal dieses Wort, von ihr ausgesprochen, einen unnachahmlich zärtlichen Klang hatte und stets von Streicheln und Liebkosungen, manchmal auch einem Leckerbissen begleitet wurde.

Irgendwann, als sie bei einem Ausritt an einem Brunnen Rast machten, hatte Janos ganz vorsichtig seine Hand zwischen ihre streichelnde und den Pferdehals geschoben. Lange hatten sie so still beieinandergestanden, den Blick auf ihre Hände gerichtet wie auf etwas, das nicht zu ihnen gehörte. Bis Kobold mit einem fröhlichen

Schnauben den Kopf hochgeworfen und zum Aufbruch gedrängt hatte.

Drei Tage später hatten sie in der Herde eine zu früh fohlende Stute entdeckt. Möglicherweise war die Geburt durch einen Schlag bei einer Rauferei unter den Tieren ausgelöst worden. Oder das schwere Gewitter, das kurz zuvor über die Steppe gezogen war, hatte die Stute in Panik versetzt. Die Nase des Fohlens war bereits zu sehen gewesen, doch die Beine lagen verkehrt. Janos hatte das Pferdekind ganz vorsichtig in den Leib der Mutter zurückschieben und die Lage der Beine korrigieren müssen. Susanne hatte ihm assistiert, wie sie es als junges Mädchen bei ihrem Vater öfter getan hatte, in der Zeit vor der Zwangsversteigerung des Hofes. Als das Fohlen dann auf die Welt gekommen war, gesund und kräftig, und sich schwankend erhoben hatte, mit wackligen, breit vom Körper weggespreizten Beinen, hatten Janos und sie sich zum erstenmal geküßt.

In dieser Nacht war Susanne bei ihm geblieben. Und danach noch viele Nächte. Oder sie hatten eng aneinandergeschmiegt irgendwo draußen gelegen, weit weg von den anderen, und hatten lange schweigend in den Sternenhimmel geschaut. Denn Worte schienen zwischen ihnen überflüssig.

Manchmal war Kobold in solchen Nächten zu ihnen herübergekommen. Es war sein Geheimnis, wie er es immer wieder schaffte, aus dem Stall zu entwischen, in dem die Reitpferde die Nacht verbrachten. Fast eifersüchtig hatte er sich dann zwischen sie und Janos gedrängt.

Kobold! Es war unvorstellbar, sich von ihm zu trennen.

Nie hätte sie geglaubt, daß einem ein Pferd in kurzer Zeit so ans Herz wachsen könnte. Sie hatte versucht, ihn zu kaufen, hatte ihn mit nach Deutschland nehmen wollen. Erst da hatte sie erfahren, daß der Wallach Janos' Eigentum war, daß ihr ungarischer Freund selbst eine kleine Herde von Pferden besaß. Und auch, daß der Fuchs unverkäuflich war.

Die Musik draußen steigerte sich zum Furioso. In das Lachen und Kreischen mischte sich das Geräusch stampfender Füße, rhythmisch klatschender Hände. Susanne sprang aus dem Bett. Es war sinnlos, bei dem Lärm schlafen zu wollen. Sie würde sich anziehen und ein Stück spazierengehen, vielleicht Kobold ein letztes Mal im Stall besuchen. Sie gestand sich nicht ein, daß es auch das Unbehagen war, das das Verhalten der blonden Angela aus Köln in ihr ausgelöst hatte. Angela war nach dem Mittagessen zu Janos gegangen, hatte sich ihm sehr nah zugeneigt und irgend etwas zu ihm gesagt. Susanne hatte es nicht verstanden, aber die Situation war eindeutig gewesen.

Natürlich glaubte sie zu wissen, daß Janos nicht der Mann war, der jede Gelegenheit für einen heißen Flirt nutzte. Und doch, wie gut kannte sie ihn denn? Janos sah gut aus, es gab immer wieder Frauen in der Gruppe, die sich für ihn interessiert hatten. Woher wollte sie wissen, ob er sich nicht, kaum war sie fort, nach einer anderen umsehen würde? Wie konnte sie sicher sein, daß er es ernst meinte? Daß sie sich nicht hatte verzaubern lassen von dem ganz anderen Leben hier, von der Wärme, dem Licht, der Weite der Pußta? Daß sie sich nicht an einen Traum verloren hatte, eine alte, tief in ihr vergrabene Sehnsucht aus Kindertagen?

Es war höchste Zeit, daß sie in ihr normales Leben zurückkehrte. Daß sie sich nicht einfangen ließ von den unrealistischen Zukunftsvisionen eines Mannes, der dieses Gedankenspiel vielleicht schon mit vielen gespielt hatte, sicher, daß niemand im Ernst darauf eingehen würde. Alle paar Wochen eine neue Frau fürs Leben.

Je länger Susanne diesen düsteren Bildern nachhing, desto sicherer war sie, Janos bei den Tanzenden zu finden, eine andere Frau im Arm. Hastig zog sie sich an und lief hinaus. Sie wollte sich nicht bei der Tanzfläche sehen lassen, wollte nur ein Stück spazierengehen und von weitem durch die Buchsbaumhecke geschützt, einen Blick hinüberwerfen.

Janos war nicht zu sehen. Susanne ging näher heran, ohne ihre Deckung aufzugeben. Um so mehr erschrak sie, als sie von hinten angesprochen wurde. Es war Vilmos, ein jüngerer Bruder von Janos, der sich ebenfalls im Sommer hier als Reitlehrer und Gästebetreuer sein Geld verdiente. Im Winter studierte er in Budapest Maschinenbau.

„He, Susu! Wo hast du gesteckt die ganze Zeit?“

„Ich habe versucht, zu schlafen. Ich habe neun Stunden Fahrt vor mir und will deshalb sehr früh starten.“

Vilmos lachte gutmütig. „Schlafen, in so einer Nacht?“ Dann wurde er ernst. Neugierig sah er sie an. „Janos ist fort. Er hat gekündigt. Will nicht mehr hier arbeiten, sagt er.“

Susanne sah den jungen Mann verwirrt an. „Gekündigt?“

Vilmos zuckte ratlos mit den Achseln. „Ich hab keine Ahnung, was mit ihm los ist. Er war ziemlich fertig.“

Susanne suchte vergeblich nach etwas, das sie jetzt hätte sagen können. „Dann grüße ihn von mir“, stieß sie schließlich mit rauher Stimme hervor. „Und sag ihm, ich schreibe ihm vielleicht mal. Sag ihm, es war eine wunderschöne Zeit hier mit ihm. Hat er Kobold mitgenommen?“

„Noch nicht. Er holt ihn morgen abend ab.“ Vilmos biß sich auf die Lippen. Es war zu erkennen, daß er gern etwas gefragt hätte, es aber nicht wagte.

Susanne nickte ihm noch einmal zu und wandte sich ab. Sie ging zu den Ställen hinüber und sah sich um. Hier war alles still, nur gedämpft klangen Musik und Lärm der Feiernden herüber. Leise betrat sie den Stall.

Kobold schien sie zu erwarten. Er stand dicht hinter der Tür, die Ohren gespitzt, den Kopf hochgereckt, als hätte er hier seit Stunden ungeduldig ausgeharrt. Susanne trat in die Box und umarmte ihn lange. Immer wieder strich sie über seinen Rücken, kraulte Hals und Mähnenansatz. Tränen liefen ihr übers Gesicht und hinterließen feuchte Flecken auf dem fuchsroten Fell des Wallachs.

„Ach, Kobold! Ich wünschte so sehr, ich könnte dich mitnehmen!“ flüsterte sie. „Aber vielleicht wärst du gar nicht glücklich bei uns im Stall. Du würdest Heimweh bekommen nach der Pußta, nach der weiten Ebene, auf der man so endlos galoppieren kann. Und ich würde mich immer schuldig fühlen, daß ich dich von hier weggeholt habe, in die Großstadt. Mein Lieber, wenn du wüßtest ... der Abschied fällt mir so schrecklich schwer. Aber es hilft nichts. Was soll ich machen?“

Zart schnobernd fuhr der Fuchs ihr über das tränennasse Gesicht, rieb seinen Kopf an ihrer Schulter, schnupperte beiläufig an ihren Hosentaschen, in denen sich meistens eine Leckerei für ihn befand. Susanne hatte die Arme um seinen Hals geschlungen und strich zärtlich über seine Mähne. So standen sie lange beieinander.

Schließlich löste sie sich von dem Pferd und gab ihm einen sanften Klaps. „Ich muß gehen. Viel Glück, mein Kleiner! Wir werden uns wohl nicht wiedersehen, es würde zu weh tun. Paß auf deinen Herrn auf. Ich hab ihn sehr lieb. Und dich auch."

Hastig verließ sie den Stall und ging in ihr Zimmer hinüber. Vielleicht gelang es ihr jetzt, noch ein paar Stunden zu schlafen.

Sie erwachte von einem Sonnenstrahl, der ihr direkt ins Gesicht schien. Erschrocken sprang sie aus dem Bett. Gleich halb sieben, da hatte sie längst unterwegs sein wollen. Nun gut, sie würde auf das Frühstück verzichten. Der Koffer war gepackt, verabschiedet hatte sie sich gestern abend von allen. In einer Viertelstunde konnte sie unterwegs sein.

Sie beschränkte ihr Morgentoilette auf das absolut Nötigste, ergriff ihr Gepäck und lief zu ihrem alten Golf hinaus. Gewohnheitsmäßig suchte sie in der rechten Tasche ihrer Jeans nach dem Autoschlüssel, doch dort war er nicht. Wahrscheinlich hatte sie ihn noch in der Handtasche. Sie sah in jedes Fach, räumte schließlich die Tasche aus, kippte sie sogar um – von dem Schlüsselbund keine Spur.

Ärgerlich lief sie noch einmal in ihr Zimmer zurück. Sie

hatte sich doch vorhin genau umgesehen? Richtig, hier war er nirgends. Wann hatte sie ihn zuletzt gehabt? Gestern abend, als sie die Reitsachen im Kofferraum verstaute. Sie hatte den Wagen abgeschlossen und die Schlüssel in die Hosentasche gesteckt. Aber da waren sie nicht. Sorgfältig begann sie, den Boden um das Auto herum und bis zu ihrem Zimmer hin abzusuchen. Ohne Erfolg.

„Susanne! Ich denke, du bist schon halb in Österreich! Verschlafen?“ kam es aus dem Stall. Vilmos sah grinsend durch das Fenster der Sattelkammer.

„Nein, ich hab meinen Autoschlüssel verloren. Du hast nicht zufällig im Stall ein Schlüsselbund gefunden? Mit einer Silbermünze dran? Auf der einen Seite der Münze ist der heilige Georg abgebildet.“

„Nein.“ Es klang ehrlich. „Warte, ich helf dir suchen. Warst du gestern noch hier im Stall?“

„Ja, ich hab mich von Kobold verabschiedet.“ Susanne ging zu ihm hinein und lief zu Kobolds Box hinüber. Es gab ihr einen schmerzhaften Stich, daß der Wallach nicht da war, also offensichtlich von jemand anderem geritten wurde. Oder hatte Janos ihn schon geholt? Um so schlimmer, daß er ihr plötzlich aus dem Weg ging.

„Warst du heute nacht hier mit Janos zusammen?“ fragte Vilmos vorsichtig.

Susanne sah ihn erstaunt an. „Ich? Aber nein! Ich war lange bei Kobold in der Box und habe mit ihm geredet und geschmust. Bis zwei oder halb drei. Allein. Wie kommst du darauf?“

„Weil Kobold weg ist. Ich dachte, Janos hätte ihn anschließend mitgenommen!“

„Kobold?“ fragte Susanne erschrocken. „Aber ich habe seine Box extra fest zugemacht! Wie konnte er da rauskommen?“

„Das macht er oft. Er kann das. Warte, ich rufe mal zu Hause an, ob er dort angekommen ist.“

Doch bevor Vilmos beim Telefon war, ertönte das schrille Klingeln des Stallapparats. Susanne konnte dem Schwall ungarischer Worte kaum entnehmen, worum es ging, abgesehen davon, daß einmal das Wort „Komojtalan“ fiel. Schließlich reichte Vilmos ihr den Hörer. „Es ist Janos. Er will dich sprechen.“

Susanne riß ihm den Hörer aus der Hand. „Janos? Ist Kobold bei dir? Ich mache mir solche Sorgen um ihn!“

Janos lachte leise. „Sei ganz ruhig, er ist hier. Es ist ihm nichts passiert. Er hat mir nur etwas von dir gebracht. Vermißt du nichts?“

„Ich kann meine Autoschlüssel nirgends finden!“

„Wußte ich doch, daß das deine sind. Er trug sie im Maul wie eine Kostbarkeit. Du wirst sie dir holen müssen, ich kann jetzt hier nicht weg, der Tierarzt kommt gleich.“

„Ich komme“, sagte Susanne hastig. „Vilmos kann mir den Weg erklären und mir ein Pferd geben.“

Vilmos nickte begeistert. Etwas wie eine versteckte Hoffnung blitzte in seinen Augen auf. In wenigen Minuten hatte er eine Stute gesattelt, die wie Kobold aus seinem heimischen Stall stammte. Sollte Susanne den Weg nicht finden, die Stute würde die kürzeste Strecke nach Hause nehmen.

So kam es, daß Susanne statt in ihrem Auto zur Grenze, im Sattel zur Tanya unterwegs war – dem Hof, auf dem

Janos und seine zwei Brüder mit dem Vater und einer unverheirateten alten Tante lebten. Die Stute war jung und ausgeruht und drängte mächtig vorwärts. Susanne gab ihr den Kopf frei, und sie lief in gestrecktem Galopp den Sandweg entlang, der einmal durch lichten Wald, dann wieder quer durch die Grassteppe führte.

Wie vertraut ihr dies alles war! Als hätte sie in ihrem Leben nie etwas anderes gekannt. Die Zackelschafe mit ihren spitzen, gedrehten Hörnern. Das einsame Storchenpaar auf Futtersuche. Die schilfgedeckten Unterstände, die Brunnen der Steppe. Neben einer Tanya mit einem üppig blühenden Bauerngarten eine Herde Gänse, die schnatternd vor ihnen zur Seite wichen. Hier gab es weit und breit keinen Touristenbus, das Land gehörte sich selbst und der Stille.

Susanne parierte zum Schritt durch und ließ die Zügel lang. Die Stute schnaubte kräftig ab, schüttelte den Kopf und warf ihn übermütig hoch, so daß sich weiße Schaumflocken vom Gebiß lösten und wie winzige Wolken davonsegelten. Susanne reckte sich und hob ihr Gesicht der Sonne und dem Wind entgegen. Nein, nie hatte sie sich so gut gefühlt, so wach und lebendig, wenn sie zu Hause war. Nicht bei den aufregendsten Aufträgen, den größten Erfolgen – und auch nicht in ihrer Freizeit. Diese Leichtigkeit und Klarheit, warum ging ihr die in der Stadt sofort wieder verloren?

Hierbleiben, dachte sie. Ein Fax mit der Kündigung schicken. Die Wohnung vermieten, von dem Geld konnte man hier gut leben. Das bißchen, was sie von der Mutter geerbt hatte, war gut angelegt. Eigentlich war es nicht viel, was sie aufgeben würde, wenn sie hierbliebe.

Die Stute schritt eiliger aus. Es konnte nicht mehr weit sein. Es war, als freue sie sich, endlich nach Hause zu kommen. Die heimische Tanya, das bedeutete ein paar Tage ausruhen von der Last des Reitbetriebs, von ungeschickten Anfängern im Sattel. Kluges Mädchen! dachte Susanne. So klug wie Kobold. Hatte er den Schlüssel mit Absicht zu Janos gebracht? Das mußte er doch, andernfalls hätte er ihn irgendwo fallen gelassen. Er hatte ihn auch nicht einfach versteckt, nein, er zwang sie, hierherzukommen, um die Tanya kennenzulernen.

Der Weg machte jetzt eine Kurve nach links und führte in ein Wäldchen hinein, in dem ein von Schilf überwachsener Teich lag. Wenige hundert Meter weiter wurde der Baumbestand spärlicher, sie kamen wieder in die Steppe hinaus, die bald von Sonnenblumen- und Maisfeldern abgelöst wurde. Und da lag sie – die Tanya, auf der Janos und Kobold zu Hause waren. Schilfgedeckte weiße Gebäude. Das Haupthaus, von Blumenbeeten umgeben, hatte eine von Wein überwachsene Loggia zur Hofseite hin. Kobold stand mitten im Hof neben dem alten Brunnen. Er döste und sah sich kaum nach ihr um. Sie war da. Damit war für ihn alles in Ordnung.

Aus dem Schatten einer Akazie, die neben dem Brunnen stand, löste sich eine Gestalt. Janos ging auf Susanne zu und half ihr aus dem Sattel. Sie landete ungewollt heftig in seinen Armen. Er hielt sie fest, und sie lachten. Lachten und küßten sich. Kobold hob den Kopf und sah zu ihnen herüber. Er brummte leise. Es hörte sich zufrieden an.

Janos wurde ernst. Er zog Susannes Autoschlüssel aus seiner Hemdtasche und legte sie ihr in die Hand. „Und nun?“ fragte er hilflos.

Susanne nahm die Schlüssel und warf sie hoch in die Luft. Ein paar Meter entfernt fielen sie in den Sand. „Und nun“, sagte sie leise und legte ihre Stirn an seine, „nachdem Kobold beschlossen hat, daß ich nicht wegfahren soll, möchte ich deinen Vater kennenlernen, und Tante Etelka. Und dann zeigst du mir unser Haus und die Pferdeställe.“

Ritt in die Sonne

Im Osten wurde das Blau des Himmels heller. Die Sterne verblaßten bis auf den einen, der wie im Zwiegespräch mit der schmalen Mondsichel ausharrte, als ob sie sich nicht zur Heimkehr entschließen könnten. Nina hatte die Stute am Zügel bis vor das Tor des Kibbuz geführt und saß auf. Im Schritt ritt sie in die Wüste hinaus. Die hellgraue Stute tänzelte ungeduldig, sie wieherte leise und schüttelte erwartungsvoll die Mähne. Ihr silbergraues Fell erinnerte Nina an Meeresleuchten, fast phosphoreszierend schimmerte es im Dunkel. Sie beugte sich vor und streichelte sanft die Narben, die unter der feinen Haut wie harte Kanten spürbar waren.

Die Narben werden uns Zeit deines Lebens an das erinnern, was du durchgemacht hast, Nadeshda, dachte Nina. Meine Narben sieht man nicht. Sie haben sich innen gebildet, verhärtete Stellen über den Seelenwunden, die nur noch schmerzen, wenn man sie berührt. Ach, Nadeshda, kleine Schwester, wie viel haben wir gemeinsam!

Die Stute brummelte verhalten, es klang wie eine Antwort. Sie drängte heftig gegen den Zügel, und Nina ließ ihr den Willen. Sie gab ihr den Zügel frei zu einem Galopp, der sie beide von den Schrecken und Alpträumen befreite, die Nacht für Nacht mit verdrängten Erinnerungen und Bildern des einmal erlebten Grauens an die Oberfläche stiegen.

Die Luft war frisch und klar, nur ein leichter Wind wirbelte in winzigen Kreisen den Wüstensand auf, als wiegten sich dort unsichtbare Schlangen zu einer unhörbaren Musik, die irgendwo fern im Weltenraum erklang. Bald würde sich der riesige Sonnenball über die gezackte Linie der Felshügel im Osten der Negev schieben und die Kälte der Nacht vertreiben. Der Sand würde zu glühen beginnen und die Hitze Mensch und Tier lähmen. Doch dieser Augenblick zwischen Nacht und Tag, diese kostbaren Minuten, während das Schwarzblau des Nachthimmels sich in ein Farbenspiel ohnegleichen verwandelte, von Kobaltblau bis Türkis, Zitronengelb, Orange und Rosa zu einem feurigen Rot alle Farben des Regenbogens durchspielte, diese Augenblicke waren ihr Geschenk. Ein Geburtstagsgeschenk von David an Nadeshda und sie. Er hatte es durchgesetzt, daß sie die Stute, deren Pflege ihr oblag, in Zukunft auch hin und wieder in ihrer Freizeit reiten durfte, wenn die nicht zur Arbeit eingeteilt war.

Genau vor einem Jahr war es gewesen. An ihrem Geburtstag, der sich nur dadurch von den übrigen Tagen unterschied, daß sie vor Heimweh und Verzweiflung zu sterben geglaubt hatte. Zu der Zeit hatte sie sich noch nicht an das Leben im Kibbuz gewöhnt. Obwohl sie erleichtert gewesen war, der Angst und dem Entsetzen entkommen zu sein und hier unter Freunden in Sicherheit leben zu können. Auch die ungewohnt harte Arbeit machte ihr nichts aus, im Gegenteil. Doch das alles war nicht wirklich *ihr* Leben gewesen, eher eine Zwischenstation, ein Warten darauf, daß alles wieder wurde wie früher. Wie in ihrem Haus in Berlin mit den Eltern und Geschwistern, in dem es an Geburtstagen Blumen, Geschenke und einen Kuchen gegeben hatte, und ihre Freundinnen zu einem kleinen Fest eingeladen worden waren.

Der Vater war ein geachteter Mann gewesen, Jude russischer Herkunft, ein bekannter Kinderarzt und Universitätsdozent, zu dem die Patienten von weither kamen. Nie würde sie begreifen können, wie aus Dankbarkeit und Anerkennung so bald blinder Haß werden konnte.

Mit Entsetzen erinnerte sich Nina an die schrecklichen Dinge, die geschahen: die mit Beschimpfungen beschmierten Mauern, die eingeschlagenen Fenster. Die Mißhandlungen, die sie von den Hitlerjungen hatte erdulden müssen, die sie mit Judensau titulierten, sie zu Boden schlugen und auf sie eintraten. Und dann die Schulfreundinnen, die plötzlich von ihr abrückten und sie mit fremden Blicken musterten, als habe sie ein ansteckende Krankheit. Die Blumenfrau am Ende der Straße, bei der sie einen Strauß zum Muttertag hatte kaufen wollen. Die Frau, die immer so freundlich gewesen war, hatte an ihr vorbeigesehn, als wären sie sich noch nie begegnet, und hatte mit schmalen Lippen gesagt: „Bedaure, an Juden verkaufe ich nicht." Aber das Schlimmste war gewesen, daß sie nicht mehr hatte reiten dürfen. Nichts hatte sie so sehr getroffen wie die Trennung von den Pferden.

Als das Leben in Deutschland für Juden immer gefährlicher wurde, hatte der Vater alles versucht, um wenigstens seine Kinder vor der Deportation zu retten. Freunde der Eltern hatten sie mit auf eine Reise nach Frankreich genommen. Dort waren sie heimlich auf ein illegales Flüchtlingsschiff gebracht worden, das noch in der Nacht nach Palästina auslief.

Nie würde sie die Überfahrt vergessen. Die drangvolle Enge, die brütende Hitze im Laderaum. Auf dem mit wenig Stroh ausgelegten Boden hatten sie tagelang ausharren müssen, hatten kaum etwas zu essen und zu trinken bekommen.

Viele waren krank geworden, und der Lärm und Gestank waren unerträglich gewesen. Manchmal hatte Nina nur noch daran gedacht, sich ins Meer zu stürzen, um allem zu entfliehen. Doch man hatte sie nicht an Deck gelassen.

Überlebt hatte sie nur, weil es David und seine Freunde gegeben hatte. David, ein älterer Mann mit dem Aussehen eines biblischen Propheten. So war er ihr jedenfalls vorgekommen. Von Beruf war er Kunsttischler, und wie man erzählte, in Berlin ein bekannter Mann seines Fachs gewesen, der ein gutgehendes Geschäft und Kunden aus den besten Kreisen gehabt hatte. David hatte es verstanden, ihnen allen immer wieder Mut zu machen. Er hatte mit ihnen gesungen und hatte vom Leben in Palästina erzählt, von dem neuen, sicheren Land, das sie sich aufbauen würden, wenn sie in wenigen Tagen von Bord gehen könnten. Nur kurze Zeit mußten sie noch durchhalten.

Und dann die Ankunft. Nina erinnerte sich an die überschwengliche Freude, die sie alle ergriffen hatte, als es durchsickerte: Land in Sicht. Kurz darauf kam die furchtbare Nachricht. Da das Schiff illegal eingelaufen war, durften sie nicht an Land gehen. Viele Tage hatten sie in der Hitze ausgeharrt in der Hoffnung, daß man sie aus diesem Kerker befreien und ihnen doch noch Asyl gewähren würde. Konnten Menschen so ohne Gefühl, ohne jedes Mitleid handeln? Wußte man nicht, was sie in Deutschland durchgemacht hatten?

Eines Morgens waren Mechaniker an Bord gekommen. Das Schiff könne wegen dringender Reparaturarbeiten nicht auslaufen, hatte es geheißen. Und dann war das Schreckliche passiert. Sie war gerade mit ein paar anderen an Deck gewesen, um die Schmutzkübel auszuleeren, als eine Explosion das Heck des Frachters wegriß, und das Schiff gleich darauf zu sinken begann. Nina war ins Meer geschleudert worden und hatte es mit Davids Hilfe geschafft, eines der Rettungsboote zu erreichen. Doch ihre Geschwister und die meisten der anderen Flüchtlinge hatten den Tod gefunden. Damals hatte sie geglaubt, vor Verzweiflung und Kummer sterben zu müssen.

Nach nicht enden wollenden Formalitäten hatte man sie schließlich mit einigen anderen Überlebenden zu uralten Bussen gebracht. Endlos lang waren sie über Schotterstraßen durch ödes Land gefahren, bis man sie hier im Kibbuz abgeladen hatte, am Rande der Wüste Negev.

Für Nina war es zunächst nichts anderes gewesen als

ein hölzerner Wachturm neben einem Tor, das in ein eingezäuntes Lager aus Baracken führte. Eine Gemeinschaft von Menschen aus den verschiedensten Ländern lebte und arbeitete dort, von denen die meisten jeden Anspruch auf ein Privatleben aufgegeben hatten. Sie wohnten zu mehreren in einem Zimmer, aßen im gemeinsamen Speisesaal, wurden in Gruppen zur Arbeit eingeteilt, und auch die Freizeit verbrachte man meistens gemeinsam. Die Kleinkinder lebten zusammen in einem Kindergarten mit Tageshort für die Babys, da die Mütter oft weit draußen auf den Feldern und Orangenplantagen des Kibbuz arbeiteten.

Man lernte Hebräisch, diskutierte über Politik und den zukünftigen Staat Israel; an manchen Abenden gab es auch Gesang und Tanz, und Nina hatte viel über die Geschichte und den Glauben der Juden erfahren, ihres Volkes. Aber nie hatte sie sich wie ein Kibbuzim gefühlt. Immer war ihr Leben ein Warten gewesen, auf etwas, das geschehen mußte, ein Wunder, das sie irgendwo in einem friedlichen Land wieder mit ihren Eltern zusammenführen würde. Doch das Wunder war nicht geschehen; es konnte nicht geschehen, denn die Eltern waren tot. Sie hatten die Deportation nicht überlebt.

Einer, der sie nicht aus den Augen ließ, der in der Nähe war, wenn sie zu verzweifeln drohte, der es sah, daß sie wieder einmal eine Nacht durchweint hatte, war David. Er war es auch, der immer wieder etwas fand, um sie aufzuheitern: eine Wüstenrose aus der Negev, deren Kristalle blitzten, ein Buch, das er für sie aufgetrieben hatte, oder auch nur ein Stück vom frischgebackenen Kuchen, das ihm eine der Küchenhelferinnen gegeben hatte.

So war es auch an jenem Sabbat gewesen, an dem er Nina mit zum Meer hinuntergenommen hatte. Ihr Kibbuz lag an der südlichsten Spitze der Wüste Negev, nicht weit von Eilat, und zu Fuß waren sie bis an den Golf von Akaba mehr als eine Stunde unterwegs.

Für Nina war der Tag am Meer etwas wunderbar Neues gewesen. David war für sie wie ein Vater geworden. Sie hatten gebadet, hatten ihr Picknick verzehrt und miteinander über ihre Vergangenheit und die Zukunft geredet. Dann hatten sie lange geschwiegen und auf die glitzernde Wasserfläche gesehen. Die sinkende Sonne hatte das Rote Meer bis an den Horizont in einen See aus flüssigem Gold verwandelt. Das Licht hatte sie geblendet, so hatte sie den Pferdekopf, der sich von Akaba her durch das Wasser langsam auf sie zu bewegte, zunächst für eine visuelle Täuschung gehalten.

Erst als das Tier näher kam und sie die heftigen Schwimmstöße wahrnehmen konnte, mit denen es versuchte, das rettende Ufer zu erreichen, war sie alarmiert aufgesprungen.

„David! Sieh, da vorn! Nun sieh doch!"

„Ein Pferd im Wasser! Wie kommt es dahin? Es scheint völlig erschöpft zu sein. Komm, wir müssen ihm helfen!"

Der Aufforderung hätte es nicht bedurft. Nina hatte bereits in großen Sprüngen den Strand überquert und war ins Wasser gewatet. Am liebsten wäre sie dem Pferd entgegengeschwommen, das da mit letzter Anstrengung keuchend auf sie zuhielt. Sie hatte den Atem angehalten vor Furcht und Aufregung. „Komm! Komm, Liebes, halt durch, gleich hast du es geschafft! Bitte nicht aufgeben! Nur noch ein kleines Stück!“

Unendlich langsam hatte sich das Pferd genähert. Sein Blick war leer vor Erschöpfung gewesen, mechanisch hatte es die Beine bewegt, noch einmal und wieder und wieder in einem endlosen gehetzten Galopp. Als es den Sandboden unter den Hufen spürte, war es gestolpert. Doch Nina und David hatten es schon erreicht und es gestützt, so gut sie konnten. Mit letzter Kraft hatte sich das zu Tode erschöpfte Tier ans Ufer geschleppt. Es konnte sich kaum mehr auf den Beinen halten und zitterte vor Schwäche.

Nina hatte das Pferd entsetzt angestarrt. „David! Es ist verletzt! Es blutet überall! Und sieh dir die Striemen und die Wunden am Maul an! Es muß schrecklich mißhandelt worden sein!“

„Es ist eine Stute. Wird wohl aus einer edlen Zucht stammen. Einer der jordanischen Prinzen hat einen Stall außerhalb von Akaba. Ob der das Tier zuschanden geritten hat? Es ist unglaublich, sie hat den Golf durchschwommen. Wie groß muß ihre Angst gewesen sein!“

„Sie muß trinken!“ hatte Nina hastig gesagt und ihre Hände zu einer Schale geformt. „Wir haben noch einen Rest Wasser in der Flasche. Es ist besser als nichts.“

David hatte immer wieder ein wenig Wasser in Ninas Hände gegossen, und die Stute hatte es gierig aufgeleckt. Dann hatte sie sehr langsam, fast andächtig, die wenigen Brotstücke genommen, die Nina von ihrem Imbiß noch übrig hatte. David hatte begonnen, den Körper des Tieres mit seinem Handtuch abzureiben, um mit dieser Massage den Kreislauf anzuregen. Es war nicht leicht gewesen, die vielen offenen Wunden dabei zu umgehen.

„Wir brauchen Hilfe, Nina!“ sagte er schließlich. „Sie wird den Weg zum Kibbuz nicht schaffen. Wir könnten sie mit dem kleineren Laster holen. Und ihre Wunden müssen dringend versorgt werden. Ich gehe nach Eilat hinüber und telefoniere. Kann ich dich solange mit ihr allein lassen?“

„Sicher!“ hatte Nina schnell geantwortet, obwohl sie entsetzliche Angst empfunden hatte, die Stute könne jeden Augenblick zusammenbrechen. „David? Glaubst du, daß sie uns vom anderen Ufer beobachten?“ fragte sie beklommen.

„Schon möglich.“ David hatte gleichmütig die Schultern gehoben. „Aber das wird ihnen nicht viel nützen, sie haben die Sonne direkt im Gesicht.“

„Vielleicht sollten wir die Arme wenigstens bis hinter die Felsen dort führen?“

„Gut, versuchen wir es.“

Als ob die Stute geahnt hätte, worum es ging, hatte sie sich, von ihren Beschützern geleitet und gestützt, so gut es ging bis hinter ein paar Sandsteinfelsen, die ihnen Sichtschutz gaben, die wenigen Meter den Hügel hinaufgeschleppt. Dort hatte sie sich schwerfällig auf die Knie niedergelassen und war seitlich in den Sand gesunken. Einen Augenblick lang hatte Nina gefürchtet, die Stute hauche mit dem rauhen Aufstöhnen, das sie hören ließ, ihr letztes bißchen Leben aus. Doch an der Art, wie sie sich erleichtert ausstreckte und erschöpft zu ihr aufsah, hatte sie erkannt, daß ihr Schützling jetzt nur noch schlafen wollte.

David war leise davongegangen, und Nina hatte sich

dicht neben die graue Stute gesetzt und ihren Schlaf bewacht. Behutsam hatte sie ihr den Hals gestreichelt und leise flüsternd sanft mit ihr geredet. „Ich werde dich Nadeshda nennen. Weil es das ist, was wir beide am meisten brauchen: Hoffnung. Meine Großmutter hieß so. Sie war sehr mutig. So wie du! Und energisch. Sie hat sich immer gewehrt, wenn Unrecht geschah.“

David war mit Futter und Wasser zurückgekehrt. Auch eine Salbe für die Wunden der Stute hatte er organisiert. Nur eine Transportmöglichkeit hatte er nicht auftreiben können. So hatten sie bei der Stute Wache gehalten, damit sie sich ein wenig erholen konnte. Die Nacht in der Wüste war eisig gewesen, sie hatten vor Kälte gezittert. Aber das erschöpfte Pferd hatten sie nicht im Stich gelassen. Kurz vor der Morgendämmerung waren sie dann aufgebrochen und hatten die graue Stute zu Fuß in den Kibbuz gebracht.

David hatte sich großartig verhalten. Er hatte durchgesetzt, daß Nina das Pferd pflegen und betreuen durfte, und daß man die Stute, als sie wieder zu Kräften gekommen war, im Kibbuz behielt und für alle möglichen Arbeiten einsetzte. Als es sich herumgesprochen hatte, daß Abgeordnete des jordanischen Prinzen unterwegs waren, um nach dem Verbleib der Stute zu forschen, hatte David gesagt: „Wer ein Lebewesen so mißhandelt, verdient nicht, es zu besitzen!“ Er hatte mit Jehuda geredet, der vor Jahren in Berlin Maskenbildner an der Oper gewesen und jetzt für die Rinderherde des Kibbuz verantwortlich war, und die beiden Männer waren mit Nadeshda fortgegangen.

Am Tag darauf waren die Jordanier im Kibbuz erschienen. Eine wertvolle Araberstute hatten sie nicht gefunden, und dem elenden, struppigen, graubraunen Klepper vor der Müllkarre neben den Küchenbaracken hatten sie keinen Blick gegönnt. Ohnehin waren sie im Grunde überzeugt davon, das die Stute ertrunken sein müsse, und hatten nur widerwillig den Befehlen ihres Herrn gehorcht, nach dem Pferd zu suchen.

Stunden hatten Nina und ein paar Helfer später dafür gebraucht, Farbe und Schmutz von Nadeshda wieder abzuwaschen. Doch daß die Stute nun endgültig in den Kibbuz gehörte, machte alle Mühe wett.

Nina war froh, wenn sie an diesen Tag zurückdachte. Zum erstenmal hatte sie sich damals im Kibbuz wie zu Hause gefühlt, eingebunden in eine Gemeinschaft von Freunden, die zusammenhielten und gemeinsam für ein Ziel arbeiteten! Aus einem Stück Wüste ein blühendes Land zu machen. Land, das für sie alle zu einer neuen Heimat werden konnte.

Die erste Zeit hatte sie sich kaum getraut, von Nadeshdas Seite zu gehen, sogar die Nächte hatte sie im Stall verbracht. Doch die Stute hatte sich bald erholt. Umgeben von so viel Liebe und Fürsorge hatte sie zu ihrer früheren Lebensfreude und Kraft zurückgefunden. Und wenn sie auch nicht mehr einem Prinzen als Reitpferd diente, sondern den Wasserwagen zog oder Gemüse, Obst und die Milchprodukte des Kibbuz auf den Markt brachte, der Araberin aus fürstlicher Zucht war es recht.

Die Sonne schickte die ersten glutroten Strahlen über die Felskämme. Nina erwachte aus ihren Gedanken. Heute war ihr sechzehnter Geburtstag. Sie ritt in den Morgen, in ein neues Lebensjahr hinein, mitten in die Sonne, die alles Dunkel vertrieb. Versiegelt war, was hinter ihr lag. Eingeschlossen in eine bleierne Truhe voller schrecklicher Erinnerungen und in das tiefste Verlies ihres Bewußtseins versenkt. Sie würde nicht vergessen, aber sie lebte wieder. Sie hatte eine Aufgabe, und sie hatte Freunde, mit denen gemeinsam sie diese Aufgabe Tag für Tag neu bewältigen würde.

Und sie hatte Nadeshda, die arabische Stute, auch sie mit ihren Narben und Erinnerungen an Grausamkeit, Brutalität und Mißhandlungen, aus denen schließlich doch neuer Mut, neue Lebensfreude gewachsen waren.

Nina wendete die Stute. Vor ihnen in der Ferne leuchteten die Dächer der Baracken und wenigen gemauerten Häuser des Kibbuz im ersten Sonnenlicht. Dort erwachte das Leben. Joshua, Elisa, Martha und Anna hatten die Kühe gemolken, Jehuda und Moshe zogen mit den Schafen und Ziegen hinaus. Mit Körben voller Wäsche gingen Ruth und Lise über den Hof, und im Garten pflanzten Sina und ihre Helfer Kürbisse und Gurken. Alle diese jungen Menschen kamen aus Europa. Sie hatten die Schrecken des Nationalsozialismus überlebt, versuchten im Kibbuz am Rande der Wüste ein neues Leben zu beginnen.

Nina war in diesem Monat für die Küche eingeteilt worden. Gemeinsam wollten sie für den Abend ein kleines Fest für alle vorbereiten. Da gab es zu tun.

„Es wird Zeit für uns! Laß uns heimkehren, Nadeshda“, sagte sie.

Und die Stute stürmte davon.

Tina Caspari, d.i. Rosemarie von Schach, ist in Pommern und Ostpreußen aufgewachsen, war als Schauspielerin bei verschiedenen Theatern engagiert und arbeitete als Funk- und Fernsehsprecherin. Sie ist Autorin von zahlreichen Romanen, Kinder- und Jugendbüchern und aktuellen Fernsehserien. Heute lebt sie als freie Schriftstellerin in Steinebach am Wörthsee.